Der Neue Extraktivismus

Eine Debatte über die Grenzen des Rohstoffmodells in Lateinamerika

D1722573

Hrsg.:
Forschungs- und Dokumentationszentrum Chile-Lateinamerika
Rosa-Luxemburg-Stiftung

FDCL-Verlag, Berlin (2012)

Bibliografische Information der Deutschen Bibliothek
Die Deutsche Bibliothek verzeichnet diese Publikation in der Deutschen Nationalbiblio-
thek; detaillierte bibliografische Dateien sind im Internet über http://dnb.ddb.de abrufbar.

Der Neue Extraktivismus –
Eine Debatte über die Grenzen des Rohstoffmodells in Lateinamerika
© 2012 FDCL e.V. und Rosa-Luxemburg-Stiftung, Berlin
FDCL-Verlag, Gneisenausstr. 2a, 10961 Berlin

Hrsg.:
Forschungs- und Dokumentationszentrum Chile-Lateinamerika e.V.
Gneisenaustr. 2a, 10961 Berlin, Telefon: + 49-(0)30 6934029, E-Mail: info@fdcl.org,
Internet: www.fdcl.org
Rosa-Luxemburg-Stiftung Gesellschaftsanalyse und politische Bildung e. V.
Franz-Mehring Platz 1, 10243 Berlin, Telefon: +49-(0)30-44310-0,
Fax: +49-(0)30-44310230, E-Mail: info@rosalux.de, Internet: www.rosalux.de

Umschlagfoto: Potosí, Spiegelung des Cerro Rico, Olmo Calvo Rodriguez,
SUB (cooperativa de fotográfos), Kontakt: info@sub.coop, http://www.sub.coop.

Redaktion: Tobias Lambert, Berlin
Übersetzungen: Sebastian Henning, Berlin
Lektorat: Anna Schulte, Olga Burkert, Berlin
Layout: Mathias Hohmann, Berlin
Druck: Agit Druck, Berlin

ISBN: 978-3-923020-56-0

Inhaltsverzeichnis

Der Neue Extraktivismus

Die aktuelle Debatte über Rohstoffabhängigkeit und Entwicklung in Lateinamerika

Seit der Eroberung basiert die Ökonomie Lateinamerikas auf der Ausbeutung weniger Rohstoffe, deren Nutzung im Lauf der Geschichte maßgeblich zum Wohlstand im globalen Norden beigetragen hat. Der Extraktivismus, eine auf höchstmögliche Ausbeutung von Rohstoffen und Agrarland für den Export ausgerichtete Entwicklungsstrategie, prägt die wirtschaftlichen und sozialen Strukturen der meisten Länder des Subkontinents bis heute wesentlich. Die Folgen sind überwiegend negativ: Extraktive Industrien wie Bergbau, Erdöl und Agrobusiness sind verantwortlich für massive Menschenrechtsverletzungen, weisen eine verheerende soziale und Umweltbilanz auf und geben wenig Impulse für die lokale Ökonomie. Rohstoffreiche Länder sind in der Regel wirtschaftlich abhängig von äußeren Faktoren wie Weltmarktpreisen und leiden unter ungerechten Welthandelsstrukturen. Die Fixierung auf den Export einzelner Rohstoffe führt zudem dazu, dass andere Sektoren kaum ausgebaut werden und ein Großteil der benötigten Gebrauchsgüter, wie zum Beispiel Lebensmittel, importiert werden müssen. Die Begrenztheit der meisten Rohstoffe sowie die Mehrfachkrise des globalisierten Kapitalismus (Ernährungs-, Klima-, Energie- und Finanzkrise) machen eine Diskussion über Alternativen zu dem vom globalen Norden vorgelebten, auf fortwährendem Wachstum basierenden Entwicklungsweg zwingend notwendig.

In Lateinamerika hat die Krise des Neoliberalismus im vergangenen Jahrzehnt die politischen Kräfteverhältnisse verschoben. In den meisten Ländern des Kontinents kamen (Mitte)-Linksregierungen, häufig unterstützt von sozialen Bewegungen, durch Wahlen an die Macht. Trotz erheblicher Unterschiede zwischen den einzelnen Regierungen, versuchen diese in zentralen Punkten mit dem neoliberalen Erbe zu brechen und die Rolle des Staates zu stärken. Diskursiv am weitesten links stehen Venezuela, Bolivien und Ecuador. Venezuela hat es sich zum Ziel gesetzt, einen „Sozialismus des 21.Jahrhunderts" aufzubauen, in Ecuador wird eine „Bürgerrevolution" propagiert, und Bolivien verfolgt das Ziel, einen plurinationalen und kommunitären Staat zu schaffen. Ein gesteigertes Selbstbewusstsein gegenüber den transnationalen Konzernen ist bei allen drei unverkennbar. Bestehende Verträge wurden neu verhandelt, um die staatlichen Einnahmen aus dem Öl- beziehungsweise Gasgeschäft deutlich zu erhöhen, den Unternehmen wurden höhere Abgaben auferlegt und das Geld für Sozialprogramme genutzt.

Doch nicht nur in der Verteilungsfrage, sondern auch im Umgang mit Mensch und Natur kommen aus Lateinamerika interessante Impulse. Bolivien und Ecuador haben in ihren neuen Verfassungen als gesellschaftliches Ziel die Verwirklichung des „guten" oder „erfüllten Lebens" (*buen vivir*) formuliert. Dieses Konzept steht dem westlichen Entwicklungsbegriff kritisch gegenüber und basiert zum Teil auf indigenen Wertvorstellungen. In der Verfassung Ecuadors sind sogar Rechte der Natur verankert.

Doch jenseits dieser neuen diskursiven Elemente besteht die ökonomische Fixierung auf den Export von Rohstoffen weiter, teilweise sogar in verstärktem Ausmaß. Daran regt sich Kritik von links. Der uruguayische Intellektuelle Eduardo Gudynas charakterisiert die neuen Rohstoffpolitiken der progressiven Regierungen als „Neo-Extraktivismus" und hat damit eine Debatte über die Nachhaltigkeit des extraktiven Wirtschaftsmodells ausgelöst, die in immer mehr Ländern Lateinamerikas aufgenommen wird. Das Neue am Neo-Extraktivismus ist dabei laut Gudynas in erster Linie die größere staatliche Kontrolle über die Einnahmen aus den extraktiven Industrien, die vermehrt für Sozialprojekte verwendet werden. Die Ausbeutung von Rohstoffen werde durch die breitere Verteilung der Gelder allerdings stärker legitimiert und Kritik daran politisch marginalisiert. Dieser „Neue Extraktivismus" habe jedoch nur kurzfristige Vorteile und sei weder ökologisch noch sozial dauerhaft tragfähig. Anstatt an der klassischen linken Überzeugung festzuhalten, dass möglichst viele Einnahmen aus dem Rohstoffsektor abgeschöpft werden müssten, fordert Gudynas zum Nachdenken über Alternativen zum Extraktivismus auf. Tatsächlich gibt es in Lateinamerika bereits vereinzelt Beispiele konkreter Projekte, die über den Extraktivismus hinausweisen. In Argentinien verabschiedete der Kongress im Oktober 2010 ein Gesetz zum Schutz der Gletscher, das die Ausbeutung von Rohstoffen in festgelegten Gebieten untersagt und einen Rückschlag für die Lobbyarbeit großer Bergbaukonzerne darstellt. Costa Rica verbot im November 2010 als erstes Land in Lateinamerika alle neuen Projekte des offenen Metall-Tagebaus. Der bekannteste Vorschlag, der in der Politik diskutiert wird, ist die Yasuní-ITT-Initiative in Ecuador. Er sieht vor, in einem Teil des amazonischen Regenwalds vorhandenes Erdöl im Boden zu belassen, sofern von internationaler Seite Kompensationen gezahlt werden.

Die Rosa Luxemburg Stiftung (RLS) und das Forschungs- und Dokumentationszentrum Chile-Lateinamerika (FDCL) wollen mit der vorliegenden Publikation einen Beitrag dazu leisten, die Debatte um den Neuen Extraktivismus in Europa bekannter zu machen. Nach einer Einführung in das Thema von Maristella Svampa, gibt David Rojas-Kienzle in seinem Beitrag zunächst einen kurzen Überblick über die staatlichen Rohstoffpolitiken Boliviens, Ecuadors und Venezuelas. Die durch die neue linke Verteilungspolitik erzielten Erfolge stellen Mark Weisbrot et al. am Beispiel Venezuelas und Boliviens im darauf folgenden Beitrag dar. Es folgt ein Text von Eduardo Gudynas über den progressiven Neo-Extraktivismus. Tomás Palmisano und Norma Giarracca zeigen anschließend anhand des Konflikts um eine höhere Besteuerung der Soja-Exporte in Argentinien auf, wie schwierig es bei den gegebenen Kräfteverhältnissen sein kann, die staatlichen Einnahmen aus den extraktiven Industrien zu erhöhen. Die Kluft zwischen öko-sozialistischem Diskurs und neo-extraktivistischer Realpolitik beleuchtet Sarela Paz in ihrem Beitrag über den TIPNIS-Konflikt in Bolivien. Alberto Acosta stellt anschließend die Yasuní-ITT-Initiative aus Ecuador vor, die als visionärer post-extraktivistischer Ansatz gilt.

Im vorliegenden Band soll darüber hinaus auch die Rolle Deutschlands und der EU betrachtet werden. Miriam Lang zeigt auf, wie die deutsche Bundesregierung die Yasuní-Initiative aktiv torpediert, indem sie bereits in Aussicht gestellte Gelder umwidmet, um den falschen Lösungsansatz der Karbonmärkte zu stärken. Die internationalen Rahmenbedingungen des Extraktivismus stellt Tobias Lambert anhand der Rohstoffstrategien der EU und Deutschlands vor. Diese haben den bestmöglichen Zugang zu Rohstoffen zum Ziel, ohne die negativen Folgen für die rohstoffreichen Länder zu berücksichtigen. Es wird deutlich, dass ohne eine radikale Senkung des weltweiten Rohstoffkonsums jegliche Versuche, zu einem post-extraktivistischen Modell überzugehen, beschränkt sind. Im abschließenden Beitrag widmet sich Eduardo Gudynas der Frage, wie Übergänge zu einem Post-Extraktivismus unter den gegebenen Bedingungen aussehen könnten. Eine Erhöhung der staatlichen und sozialen Kontrolle über die extraktiven Industrien ist dafür laut Gudynas unabdingbar. Es gehe aber nicht darum, künftig sämtliche Rohstoffförderung zu unterbinden, diese jedoch deutlich einzuschränken.

Gudynas' Überlegungen geben den Anstoß für viel weiter gehende Debatten. In diesem Sinne hat das Auslandsbüro für die Andenregion der RLS mit Sitz in Quito Anfang 2010 die regionale Arbeitsgruppe „Alternativen zur Entwicklung" ins Leben gerufen. Zahlreiche AutorInnen aus diesem Band, aber auch Politiker_innen aus den progressiven Regierungen und Vertreter_innen sozialer Organisationen, die teilweise auf lokaler Ebene bereits Alternativen implementieren, analysieren dort nicht nur die real existierenden Politiken von Bolivien, Ecuador und Venezuela, sondern arbeiten darüber hinaus an Vorschlägen, die einen Weg aus der Rohstoff-Falle aufweisen können. Der diskursive Horizont der Gruppe ist dabei die Erreichung eines erfüllten Lebens (*buen vivir* / *vivir bien*). Sie setzt dabei nicht einfach nachhaltige Entwicklung an die Stelle von herkömmlicher Entwicklung, sondern verwirft, wie der Name „Alternativen zur Entwicklung" schon andeutet, das Entwicklungskonzept an sich, als historischen Ausdruck einer diskursiven Neuordnung der Welt in „entwickelt" und „unterentwickelt", die nach dem 2. Weltkrieg ihren Anfang nahm. Ökonomische Diskurse, neugeschaffene Disziplinen in Forschung und Lehre, entwicklungspolitische Institutionen und ihre Planungslogiken, Vorstellungen über industrielle Landwirtschaft aber auch darüber, was ein gelungenes Leben ist, verdichteten sich zu einem mächtigen Dispositiv, das letztlich bis heute das Gefälle zwischen ehemaligen Kolonien und Metropolen zementiert und den zerstörerischen Weg des globalen Nordens als Königsweg propagiert. Andere, autochthone Lebensweisen wurden hingegen systematisch als „rückschrittlich" disqualifiziert und von den entsprechenden Politiken marginalisiert. Insofern arbeitet die Gruppe auch an der Entkolonisierung von populären Vorstellungen über ein gelungenes Leben, indem sie beispielsweise die Stadt als alleinigen Ort des sozialen Erfolgs entmythifiziert und in der Region noch bestehende Kontinuitäten zwischen ländlichen und urbanen Lebensweisen zu verstärken sucht. Die Gruppe trifft sich zwei- bis dreimal im Jahr, um bestehende Alternativansätze kennenzulernen und zu diskutieren. Als erstes Arbeitsergebnis erschien Ende 2011 in Quito das Buch „Más allá del desarrollo", das bisher nur in spanischer Sprache vorliegt.[1]

FDCL & RLS

---

[1] Das Buch kann als kostenloses pdf heruntergeladen werden unter:
http://www.rosalux.org.ec/es/mediateca/documentos/281-mas-alla-del-desarrollo

Bergbau und Neo-Extraktivismus in Lateinamerika

Maristella Swampa

Extraktivismus – mit diesem historisch und symbolisch stark aufgeladenen Begriff lässt sich eine in Lateinamerika immer weiter voranschreitende Realität bezeichnen. Unter Extraktivismus ist jenes Akkumulationsmodell zu verstehen, das auf einer übermäßigen Ausbeutung immer knapper werdender, meist nicht erneuerbarer, natürlicher Ressourcen beruht, sowie auf der Ausdehnung dieses Prozesses auch auf Territorien, die bislang als „unproduktiv" galten. Das Konzept beinhaltet also nicht nur klassische extractive Tätigkeiten, wie Bergbau und Erdöl, sondern auch Forstwirtschaft, Agrobusiness und Agrokraftstoffe, und sogar Infrastrukturprojekte, wie große Wasserkraftwerke, die den Ausbeutungstätigkeiten dienen sollen. Eines der verbindenden Merkmale dieser Aktivitäten ist nach Eduardo Gudynas die damit meist verbundene Tendenz zur Monoproduktion oder Monokultur. Geopolitisch gesehen ist der Extraktivismus, der versucht wird von Mexiko bis Argentinien durchzusetzen, Ausdruck einer territorialen und globalen Arbeitsteilung zwischen den Ländern des Zentrums und denen der Peripherie, durch die die Staaten dieser Region zum Export von Rohstoffen und Verbrauchsgütern verurteilt sind. Es ist kein Zufall, dass – abseits des Diskurses von der Industrialisierung – die lateinamerikanischen Ökonomien nicht nur eine stärkere Transnationalisierung und wirtschaftliche Konzentration aufweisen, sondern gleichfalls eine Tendenz zu Reprimarisierung, Spezialisierung der Produktion und Verstärkung von Exportenklaven. Diese Prozesse wurden seinerzeit durch den Strukturalismus und verschiedene Strömungen der Linken vehement kritisiert.

In der neuen Situation globaler Verflechtungen, die im Namen „komparativer Kostenvorteile" verteidigt werden, hat in Lateinamerika der Erzabbau in Tagebauen die meisten Kontroversen ausgelöst. Er ist zum Sinnbild eines plündernden Extraktivismus geworden, der zahlreiche direkte negative Folgen für das Leben der lokalen Bevölkerung hat:

• In Tagebauen werden giftige chemische Substanzen verwendet, die in lokale Wasserkreisläufe gelangen; die Abbaustätten haben außerdem einen enormen Wasser- und Energieverbrauch und machen anderen wirtschaftlichen Aktivitäten (zum Beispiel Landwirtschaft, Viehzucht, Tourismus) Land- und Wasserressourcen streitig.

• Die normativ-juristische Grundlage für den Tagebau wurde in den 1990er Jahren geschaffen und gesteht dem Privatsektor enorme Subventionen und Profite zu, durch die eine außerordentliche Rentabilität gewährleistet ist. Kontrollen (durch nationale oder Provinzregierungen) sind kaum oder gar nicht vorhanden.

• Es handelt sich um Bergbaugroßprojekte, die die Lebensstruktur der Bevölkerung vor Ort zerstören und verändern. Bestehende regionale Ökonomien, in die kleine und mittlere Ortschaften eingebunden sind, werden verdrängt.

• Diese Form des Bergbaus ist transnational und beinhaltet Merkmale der Enklavenökonomie: Ressourcen werden extraterritorialen Akteuren übereignet, ohne dabei nennenswerte endogene Wertschöpfungsketten zu generieren, wodurch eine Abhängigkeit der Bevölkerung von Großunternehmen entsteht (auf dem Wege der sogenannten Corporate Social Responsibility).

• Es entstehen Gesundheitsbelastungen für die betroffene Bevölkerung sowie zahlreiche Umweltschäden, was in mehreren Ländern und Regionen eindeutig nachgewiesen ist.

• Die Projekte werden ohne die Zustimmung der lokalen Bevölkerung durchgeführt, was soziale Konflikte aller Art, gesellschaftliche Spaltungen und die Kriminalisierung von Widerstandsbewegungen zur Folge hat, wodurch vermehrt Menschenrechtsverletzungen begangen werden.

Schauplätze und Debatten

Das erste Land Lateinamerikas, in dem die „neue" Form des Bergbaus Einzug erhielt, war Peru, wo ihre Einführung und Darstellung als „Entwicklungsmotor" durch die bestehende Bergbautradition möglich war. Heute ist Peru – trotz hoher Wachstumsraten (8,6 Prozent) aufgrund des Exports von Bodenschätzen – nach wie vor eines der ärmsten und sozial ungleichsten Länder der Region; hinzu kommt noch eine starke repressive Komponente. Das transnationale Modell des Erz-Tagebaus lässt sich klar dem sogenannten plündernden Extraktivismus zuordnen; es bringt erhebliche soziale und ökologische Auswirkungen mit sich und wurde von den verschiedenen aufeinander folgenden neoliberalen Regierungen, von Alberto Fujimori bis zu Alan García, immer wieder bestätigt.

Die paradoxesten Situationen finden sich jedoch in Bolivien und Ecuador, wo die derzeitigen Spannungen von der mangelnden Übereinstimmung zwischen emanzipatorischen Diskursen und tatsächlichen staatlichen Maßnahmen zeugen. So hält Evo Morales nach außen einen energischen Diskurs zur Verteidigung der Mutter Erde aufrecht, der allerdings recht wenig mit seiner eindeutig extraktivistischen Innenpolitik zu tun hat.

So provozierte die etatistische Linie während der ersten Amtszeit von Evo Morales (2006 bis 2010) Konflikte mit den Großkonzernen, da die Regierung durch Verstaatlichungen beabsichtigte, dem Staat die Kontrolle über die Erträge aus dem Bergbausektor zu geben. Doch seit Beginn der neuen Amtszeit, befreit von dem Druck der regionalen Oligarchien, manifestiert sich in der Politik der bolivianischen Regierung immer mehr die Stärkung einer neuen etatistischen, rein ökonomistischen Hegemonie, durch die das Streben nach Schaffung eines plurinationalen Staates in Frage gestellt wird. Dies zeigte sich in der Verabschiedung mehrerer strategischer Gesetze, durch die die Entwicklung ambitionierter extraktivistischer Projekte erleichtert werden soll, darunter Bergbaukonzessionen in indigenen Territorien und Großprojekte zur Energiegewinnung in der Amazonasregion.

Vor diesem Hintergrund haben soziale Organisationen der indigenen Bevölkerung, wie die Coordinadora Indígena del Oriente Boliviano (CIDOB) oder die Confederación Nacional de Ayllus y Markas del Qollasuyo (CONAMAQ), begonnen, ihr Recht auf vorherige Konsultation, das in der bolivianischen Verfassung verankert ist, sowie den Respekt vor ihren organisatorischen Strukturen einzufordern. Eine echte Debatte über den Extraktivismus und seine Folgen, vor allem die ökologischen, wird jedoch mit Verweis auf komparative Kostenvorteile (insbesondere durch die Möglichkeit der Lithium-Ausbeutung) sowie durch den, mit dem Arbeitsmarkt verbundenen, wirkmächtigen Mythos vom Bergbau verhindert.

Ecuador ist das Land Lateinamerikas, in dem die Diskussion um Umweltfragen als Folge des offenen Tagebaus ihren Anfang nahm. In der neuen Verfassung von 2008 wurde das Konzept des „guten Lebens" (*buen vivir*) als Alternative zur konventionellen Entwicklung proklamiert. Das Nationale Ministerium für Planung und Entwicklung (SENPLADES) erarbeitete für dessen Durchsetzung den „Plan del Buen Vivir 2009-2013". In diesem wird neben der „Rückkehr des Staates" ein verändertes Akkumulationsmodell vorgeschlagen, das über den Export von Primärrohstoffen hinausgeht und einen „Fahrplan" in Richtung einer endogenen, biozentrischen Entwicklung aufstellt, die auf der Nutzung von Biodiversität, Wissen und Tourismus beruht. Gleichzeitig schreibt die Verfassung auch die Rechte der Natur fest, der der Status eines Subjekts zugewiesen wird, mit dem verbrieften Recht, wiederhergestellt und verteidigt zu werden.

Trotz dieser Neuerungen verfügt der neo-strukturalistische Extraktivismus mit Präsident Rafael Correa über einen seiner hartnäckigsten Verteidiger. So erleichtert das neue Bergbaugesetz von 2008 das Vordringen in geschützte Gebiete und indigene Gemeinschaften, ohne auf die starken gesellschaftlichen Widerstände Rücksicht zu nehmen. Besonders fällt dabei die Kriminalisierung der sozialen Bewegungen unter dem Straftatbestand „Sabotage und Terrorismus" auf, wovon zurzeit etwa 180 Personen betroffen sind, maßgeblich wegen Widerstandes gegen Bergbaugroßprojekte. Die abfälligen Äußerungen von Rafael Correa über den „infantilen Öko-Aktivismus" behinderten den Dialog weiterhin; die Konfrontation zwischen der Regierung und den Indigenen- sowie den Umweltorganisationen tritt seitdem immer offener zu Tage.

Eine der zentralen Fragen in den genannten Ländern ist die Reichweite des Rechts der indigenen Bevölkerung auf vorherige Konsultation und der entsprechenden Beteiligungsverfahren, um dieses Recht zu gewährleisten. Das Übereinkommen 169 der Internationalen Arbeitsorganisation (ILO) schreibt dafür Freiwilligkeit, vorherige Konsultation und volle Kenntnis der Sachlage als Voraussetzungen vor. In Bolivien ist einer der Streitpunkte zwischen der

Regierung und den sozialen Bewegungen, ob die vorherigen Konsultationen bindend sind oder nicht. In Ecuador trat das ILO-Übereinkommen 1998 mit der Verfassung zwar in Kraft, in der Praxis wird es jedoch nicht umgesetzt und läuft Gefahr, durch andere Bestimmungen eingeschränkt zu werden, etwa durch die „Befragung vor Gesetzwerdung" (*consulta pre-legislativa*).

Selbst in Peru gab es eine Debatte über die Einhaltung von dem ILO-Übereinkommen Nr. 169, nachdem sich Ex-Präsident Alan García 2009 nach der Repression in Bagua gezwungen sah, sich politisch gegenüber den Forderungen der Amazonas-Gemeinden zu öffnen. Im Mai 2010 stimmte das peruanische Parlament dann für ein Konsultationsgesetz in Übereinstimmung mit dem Völkerrecht, das von García jedoch kritisiert und an das Parlament zurückverwiesen wurde. Das Präsidentenveto bestätigte erneut das Fortschreiten des extraktiven Enteignungsmodells, das durch die fortgesetzte Konzessionierung indigener Territorien für extraktive Maßnahmen (Erdöl, Bergbau, Forstwirtschaft) und infrastrukturelle Großprojekte (Wasserkraftwerke, Straßen) garantiert wird.

Der Bergbausektor in Argentinien weist große Ähnlichkeiten mit dem plündernden Modell, das in Peru vorherrscht, auf. In beiden Ländern hat sich ein Enteignungsprozess durchgesetzt; es dominieren die ökonomische Logik multinationaler Konzerne und privater Interessen, die durch die staatlichen Maßnahmen auf nationaler und auf Provinzebene begünstigt und vertieft werden. Dennoch gibt es einige Unterschiede, etwa gibt es in Argentinien keine Tradition des Großbergbaus, und somit auch keinen Mythos, den man sich bei der Einführung dieses Modells zunutze machen könnte. Zum anderen manifestierten sich hier die gesellschaftlichen Widerstände nicht in Volksbefragungen (die seit der erfolgreichen Abstimmung in der argentinischen Stadt Esquel von 2003 systematisch verboten wurden), sondern in Gesetzen zum Verbot derartiger Großprojekte sowie, wenn indigene Gemeinschaften betroffen sind, der Anwendung des ILO-Übereinkommens 169, wie etwa in Loncopué (Provinz Neuquén) und Tilcara (Provinz Jujuy). Heute existieren in sieben argentinischen Provinzen Gesetze zum Verbot dieser Form des Bergbaus und der dort verwendeten Giftstoffe, wenngleich derlei institutionelle Fortschritte fragil sind: Sowohl die Unternehmen als auch die einzelnen Regierungen in den Provinzen versuchen, jede Gesetzeslücke auszunutzen, stellen auf juristischem Wege die Verfassungsmäßigkeit der Gesetze in Frage (wie im Fall der Provinzen Mendoza und Córdoba), oder warten neue „politische Gegebenheiten" ab (wie nach der Wahl von Oktober 2011), um dann Provinzgesetzgebungen aufzuheben oder angestammte Rechte der indigenen Bevölkerung zu missachten, wenn diese angestrebten Großinvestitionen im Wege stehen.

Das Auffallendste in Argentinien ist jedoch, dass hier der Mythos der Koexistenz von Enteignung und Fortschrittsdenken noch besser funktioniert als in anderen Ländern. Der argentinischen Regierung gelingt es, in einer Situation der Polarisierung ohne Zwischentöne, ihre eigene Meinung und Interessen in einen gepanzerten Diskurs über die staatliche Politik der Rohstoffausbeutung, vor allem des Bergbausektors, zu verpacken. Dadurch entsteht in Argentinien eine recht paradoxe Situation: Die Beschwörung des National-Populären einerseits, geht einher mit der Konsolidierung eines neokolonialen Modells andererseits.

Zwei Vorkommnisse trugen zu einer gewissen Öffnung und Verbreitung der Bergbauproblematik auf nationaler Ebene bei. Bei dem einen ging es um Zahlungen des Bergbaukonzerns Minera Alumbrera an staatliche Universitäten, die der Bürgerrechtler Adolfo Pérez Esquivel im Jahr 2009 durch einen Brief an die Hochschulrektoren öffentlich machte. Dennoch nahm der Großteil der staatlichen Universitäten die Zahlungen an, mit Verweis auf deren „Legalität" und ohne sich einer ethisch-politischen Debatte darüber zu stellen. Das andere Ereignis war das Veto der Präsidentin gegen das Gletscherschutzgesetz 2008, dem eine Debatte im Kongress folgte. Als Ergebnis dieser Debatte wurde im September 2010 ein noch schärferes Gesetz („Bonasso-Filmus-Gesetz") verabschiedet, dem nur sieben Senatoren der Regierung zustimmten. Durch das Gesetz wird der Schutz von Süßwasserquellen und -reservoirs festgeschrieben und jedwede extraktive Tätigkeit in Gletscher- und Periglazialgebieten untersagt. Diese Gebiete machen etwa ein Prozent der Fläche Argentiniens aus und sind bereits von Bergbaugroßprojekten betroffen. Gegen das Gesetz wurde jedoch umgehend geklagt (unter anderem in der Provinz San Juan durch den Konzern Barrick Gold), und die Lücken in der kürzlich erlassenen Ausführungsverordnung dazu zeigen aufs Neue den geringen Willen der Regierung und der verschiedenen staatlichen Instanzen, das Gesetz umzusetzen, wodurch das weitere Fortschreiten der Bergbauprojekte ermöglicht wird.

Die Transition denken

Jenseits der Unterschiede und Widersprüche sind die verschiedenen nationalen Schauplätze durch Offenheit und Dynamik gekennzeichnet. So verbot
beispielsweise Costa Rica Ende 2010 als erstes Land Lateinamerikas den
Abbau von Rohstoffen in Tagebauen. Panama hob sein Bergbaugesetz auf.
Gleichzeitig ist die Region von unzähligen lokalen, sehr asymmetrischen
Kämpfen überzogen, die vergegenwärtigen, dass der herrschende Extraktivismus kein Schicksal ist. Es handelt sich vielmehr um eine politische und
zivilisatorische Option, die von den verschiedenen Regierungen – ob nun
neoliberal oder fortschrittlich – übernommen wurde, durch die Territorien
und Ökonomien in negativer Weise umstrukturiert werden und gleichzeitig eine neue Abhängigkeit entsteht. In nicht wenigen Fällen gelang es durch
die sozialen Kämpfe, auf lokaler Ebene das Fortschreiten von Bergbaugroßprojekten zu stoppen, wie vor kurzem im Tambo-Tal in der peruanischen Provinz Islay. Nichtsdestotrotz gleicht diese Aufgabe gelegentlich einer nicht en-
den wollenden Sisyphusarbeit, etwa in der Intag-Region im ecuadorianischen
Kanton Cotacachi, wo die Bevölkerung die Bergbaukonzerne gleich zweimal
hinauswerfen musste.

Ein immer wiederkehrendes Argument der Verteidiger_innen der Bergbaugroßprojekte ist, dass die Kritiker_innen kein alternatives Entwicklungspro-
jekt anzubieten hätten. Im Gegenteil sind es jedoch, wie Norma Giarracca und
Miguel Teubal nachweisen, die Regierungen selbst, die die lokalen Chancen und
produktiven Möglichkeiten verschleiern, indem sie durch staatliche Maßnahmen die „Krise" verschärfen und dem Bergbau den Weg ebnen. Hinzu kommen
zweifelhafte Gutachten über die Umweltverträglichkeit der Großprojekte, in denen die Folgen des Bergbaus für die lokalen Ökonomien kleingeredet werden.

Die Auswirkungen des extraktivistischen Modells für Menschen und
Umwelt sind außerdem so gravierend, dass umfassendere Lösungsansätze
erforderlich sind. In verschiedenen Ländern Lateinamerikas wurde daher begonnen, über Alternativen zum Extraktivismus und über die Notwendigkeit
von Übergangsszenarien zu diskutieren. Angestoßen wurde diese Diskussion
in Ecuador, der Durchbruch gelang jedoch kürzlich in Peru, wo Organisationen des Peruanischen Netzwerks für eine Globalisierung in Gerechtigkeit
(RedGE) eine weitreichende Erklärung gegenüber den wichtigsten Parteien
abgaben. In dieser wird ein Szenario des Übergangs zu einem Post-Extraktivis-

mus entworfen, mithilfe von Maßnahmen, die auf eine nachhaltige Nutzung von Land, die Stärkung umweltpolitischer Instrumente, eine Veränderung der gesetzlichen Rahmenbedingungen, die Anerkennung und Durchsetzung des Rechts auf vorherige Konsultation der indigenen Gemeinden sowie andere wichtige Punkte abzielen. Vielleicht fehlt es der Erklärung an diskursiver Radikalität, wie sie etwa in Bolivien und Ecuador anzutreffen ist, da in ihr nicht vom „guten Leben" oder „plurinationalen Staat" gesprochen wird – zumindest aber drückt sie die Notwendigkeit aus, über weniger auf Plünderung beruhende Szenarien nachzudenken. In Ländern wie Argentinien wird diese Diskussion hingegen noch gar nicht geführt, obwohl diese aus politischer Perspektive nichtsdestotrotz als progressiv eingestuft werden.

Einen der interessantesten Ansätze hat das Lateinamerikanische Zentrum für Sozialökologie (CLAES) vorgelegt, das von dem Uruguayer Eduardo Gudynas geleitet wird (siehe die Beiträge von Gudynas in diesem Band). In Gudynas Vorschlag wird ausgeführt, dass die Transition hin zu einem Post-Extraktivismus eines Bündels staatlicher Maßnahmen bedarf, mit dessen Hilfe die Verbindung zwischen ökologischer und sozialer Frage auf neue Weise gedacht werden kann. Gleichzeitig geht er davon aus, dass ein „Bündel von Alternativen" innerhalb des konventionellen Entwicklungsmodells dem Extraktivismus nicht genug entgegenzusetzen hätte, was es notwendig mache, „Alternativen zu Entwicklung" zu durchdenken und auszuarbeiten. Letztendlich handelt es sich hierbei um einen Vorschlag, der sich in den regionalen Kontext und einen strategischen Horizont des Wandels stellt, innerhalb dessen, was die indigenen Gruppen als „gutes Leben" bezeichnet haben.

Die Debatte über den Übergang hin zum Post-Extraktivismus wurde gerade erst eröffnet, doch es besteht kein Zweifel daran, dass dies ein großes Thema ist, dem sich unsere Gesellschaften stellen müssen – auch wenn das dem herrschenden Fortschrittsmodell missfällt.

Anmerkung

Der Beitrag erschien im Juli 2011 im argentinischen Internet-Portal Darío Vive (http://www.dariovive.org/?p=1500) und wurde für das vorliegende Buch aus dem Spanischen übersetzt.

Rückgewinnung der Souveränität

Bolivien, Venezuela und Ecuador drängen den Neoliberalismus zurück und bauen die staatliche Kontrolle über ihre Rohstoffe aus

David Rojas-Kienzle

Die Regierungen Boliviens, Venezuelas und Ecuadors gelten als Beispiel für eine neue anti-neoliberale Politik in Lateinamerika. Ob der Sozialismus des 21. Jahrhunderts in Venezuela, der plurinationale Staat in Bolivien oder die Bürgerrevolution in Ecuador: Alle drei Regierungen sind angetreten, um dem Neoliberalismus der 1990er Jahre ein Ende zu bereiten und eine gerechtere und sozialere Wirtschaftspolitik umzusetzen. Und alle drei Länder verfügen über teils beachtliche Rohstoffvorkommen, die bei der Umsetzung dieser neuen Politik eine zentrale Rolle spielen. In diesem Zusammenhang ist bei der Rohstoffpolitik in Wissenschaft und Medien meist von Nationalisierungen oder Verstaatlichungen die Rede. Hierbei wird suggeriert, der Staat übernehme die volle Kontrolle über die jeweiligen Rohstoffe und die Privatwirtschaft bleibe außen vor. Der Blick ins Detail zeigt jedoch, dass sich die Prozesse und Politiken, die unter den Schlagwörtern Verstaatlichung und Nationalisierung subsumiert werden, wesentlich komplexer sind.

Seit den 1980er Jahren war der Neoliberalismus in den meisten lateinamerikanischen Ländern die dominierende Staatsideologie. Die infolge von Staatsschulden knappen Kassen sollten mit Hilfe von Krediten des Internationalen Währungsfonds (IWF) wieder aufgefüllt werden. Diese wurden allerdings nur gewährt, sofern Strukturanpassungsprogramme durchgeführt wurden. Diese bedeuteten im Sinne des „Washington Consensus" die praktische Durchsetzung neoliberaler Theorie in die Praxis, was in der Folge Privatisierungen auf allen Ebenen bedeutete.[1]

Bolivien: Erfolgreiche Neuverhandlung der Gasverträge

Bolivien war über lange Zeit eines der Experimentierfelder für diese neoliberalen Politikstile. Eingeläutet wurde diese Phase durch eine schwere Wirtschaftskrise 1982, in deren Folge zur Konsolidierung des Staatshaushaltes drastische Kürzungsmaßnahmen durchgeführt und Importbeschränkungen aufgehoben wurden. Das Ergebnis war eine noch weitergehende Verelendung der unteren Bevölkerungsschichten. Eine weitere Maßnahme zur Entschuldung war das Schröpfen des staatlichen Ölkonzerns YPFB, der 65 Prozent seiner Einnahmen an den Staat abführen musste und ein Investitionsverbot aufgedrückt bekam. In der sehr kapitalintensiven Petroindustrie bedeutete dies einen drastischen Produktivitätsrückgang. 1993 kam mit Gonzalo Sánchez de Lozada ein willfähriger Erfüllungsgehilfe neoliberaler Praktiken ins Präsidentenamt, der die Privatisierung und Zerschlagung des Monopolisten YPFB, unter anderem mit der geringen Produktivität begründet, in drei kleinere Unternehmen in die Wege leitete und die neoliberale Umstrukturierung des bolivianischen Öl- und Gassektors vorantrieb (Fritz 2006: 7ff.).

Von besonderer Bedeutung ist hierbei das Gesetz 1689 über die Kohlenwasserstoffe, das die Besitzverhältnisse an den fossilen Energieträgern dahingehend veränderte, dass diese lediglich staatliches Eigentum waren, solange sie sich unter der Erde befanden. Dies stand im Widerspruch zur damals gültigen Verfassung, nach der die Energieträger unveräußerliches Eigentum des bolivianischen Staates waren (ebd.: 11).

Entgegen der Erwartungen der liberalen Wirtschaftstheorien führte die Liberalisierung der Erdöl- und Erdgasförderung nicht zu mehr Wettbewerb, sondern zu einem Oligopol der drei Konzerne Petrobras, Repsol YPF und Total, die bei der Exploration, Förderung, dem Vertrieb und Export von Erdöl und -gas fast den ganzen Markt unter sich aufteilten.

Gegen Ende der 1990er Jahre regte sich Widerstand gegen die vorgenommenen Privatisierungen. Mit dem „Wasserkrieg", der als Aufbruch sozialer Bewegungen gegen die Jahrzehnte währende autoritäre Herrschaft gilt und bei dem in wochenlangen Protesten am Ende eine Privatisierung des Wassers

---

[1] Neoliberalismus bezeichnet hierbei eine orthodoxe, einseitig an Kapitalinteressen orientierte Politik, nicht die politischen Theorien, die unter dem Begriff Neoliberalismus gesammelt werden (Ptak 2007: 13-86).

(nicht nur der Wasserversorgung) rückgängig gemacht wurde, begannen in Bolivien Massenmobilisierungen gegen die neoliberale Regierungspolitik. Im sogenannten Gaskrieg kam es schließlich zu massiven Protesten gegen das Vorhaben Flüssiggas über einen Hafen in Chile in die USA zu verkaufen, wobei die Konditionen zum enormen Nachteil von Bolivien ausgefallen wären. Besondere Bedeutung hatte hierbei auch der Verdacht, dass das Gas nach Chile verkauft werden sollte, was wegen der schwierigen Beziehungen zwischen Bolivien und Chile vielen Bolivianer_innen als Affront galt[2] (Perreault 2010: 695).

Ergebnis dieser Auseinandersetzung war am 17. Oktober 2003 der Rücktritt des seit 2002 erneut amtierenden Präsidenten Sánchez de Lozada. Anschließend ließ Vizepräsident Carlos Mesa zur Beschwichtigung der Bevölkerung ein Referendum durchführen, in dem sich die Mehrheit der Bolivianer_innen für eine Verstaatlichung der Kohlenwasserstoffvorräte, eine Neugründung von YPFB und eine Erhöhung der Steuern für transnationale Unternehmen aussprach. Da Carlos Mesa weder gewillt noch fähig war, diese Forderungen umzusetzen, trat er nach erneuten Protesten im Jahr 2005 zurück. In der Folge wurde im Januar 2006 mit Evo Morales der erste indigene Präsident Boliviens vereidigt. Im Mai desselben Jahres verabschiedete seine Regierung das „Helden des Chaco" genannte Dekret, mit dem laut gängiger Darstellung die Bodenschätze Boliviens wieder verstaatlicht wurden (Fritz 2006: 31).

Eine Verstaatlichung im eigentlichen Sinne fand jedoch nicht statt. Zwar wurde formal das Eigentum der Kohlenwasserstoffe an den Staat übertragen, allerdings nur bis zu dem Zeitpunkt, an dem die Messung der Fördermenge vorgenommen wird. Und selbst dieser Besitz ist lediglich formal, da immer noch Privatunternehmen die Förderung vornehmen. Das staatliche Unternehmen YPFB, das neu gegründet bzw. aus den drei einzelnen Unternehmen wieder fusioniert wurde, steht wegen jahrelang ausbleibender Investitionen

---

[2] Die Beziehungen zwischen Bolivien und Chile sind wegen der Salpeterkriege (1879 bis 1883), während denen Chile den bolivianischen Küstenstreifen besetzte, noch immer belastet. Erdgaslieferungen an Chile werden, ohne Zugeständnisse Chiles im Bezug auf den Meereszugang Boliviens, von vielen Bolivianer_innen als Verletzung nationaler Interessen gesehen. Deswegen ist in den Gaslieferverträgen zwischen Bolivien und Argentinien auch explizit ausgeschlossen, dass dieses Gas nach Chile weitergeleitet wird.

vor massiven Problemen, da es mit der privaten Konkurrenz weder im Bezug auf die Produktivität, noch beim Wettbewerb um Fachkräfte mithalten kann[3] (Kaup 2010: 132).

Der größte Erfolg der Regierung Morales dürfte die Neuverhandlung der Verträge mit den Gas- und Erdöl fördernden Unternehmen sein, bei denen vor allem die Preise des nach Brasilien und Argentinien exportierten Gases stark erhöht wurden. Vor allem aber wurde die Abgabenlast für die Unternehmen erhöht, die bei größeren Gasfeldern bei insgesamt 82 Prozent liegt (ebd.: 129).

Ecuador: Neue Rohstoffpolitik mit visionären Vorschlägen

Genau wie in Bolivien setzte auch in Ecuador mit der durch den Verfall der Erdölpreise ausgelösten Wirtschaftskrise 1982 eine neoliberale Wende in der nationalen Politik ein. Auch in Ecuador wurde die ganze Bandbreite neoliberaler Strukturanpassungsprogramme – von Sozialkürzungen bis zu Privatisierungen – angewandt (Merino 2011: 7). Diese Politik wurde auch in den 1990er Jahren weiter fortgeführt und auf den Erdölsektor ausgeweitet. Schon 1989 wurde der staatliche ecuadorianische Erdölkonzern CEPE in „Petroecuador", ein Konsortium aus verbundenen, aber voneinander unabhängigen Firmen, umgewandelt. Im Jahr 1992 lancierte der damalige Präsident Sixto Durán Ballén ein Programm der *„apertura petrolera"* (Öffnung der Ölindustrie für private Investoren), das Steuer- und Zollsenkungen sowie Subventionen für Erdölförderung beinhaltete und scharfe Kritik der Gewerkschaften hervorrief (Perreault 2010: 693).

Besondere Bedeutung in der neoliberalen Politik der 1990er hatten die fortgesetzten Versuche der ecuadorianischen Regierungen, die Hauptpipeline SOTE, die die Ölfelder im ecuadorianischen Amazonasgebiet mit dem pazifischen Ozean verbindet, zu privatisieren. Die traditionell starke und vor allem kritische Gewerkschaftsbewegung innerhalb von Petroecuador leistete dagegen sehr starken Widerstand, der von der Bevölkerung mehrheitlich unterstützt wurde (ebd.).

Dies bedeutete allerdings noch kein Ende neoliberaler Politiken, die während

---

[3] Die vorher privatisierten Unternehmen wurden allerdings nicht enteignet, sondern wie bei einer feindlichen Übernahme zurückgekauft.

der Amtszeit von Lucio Gutiérrez (2003 bis 2005) einen erneuten Höhepunkt erlebten. Dieser hatte kurz nach seiner Wahl mit dem IWF ein Abkommen zur Privatisierung einiger von Petroecuadors Ölfelder unterzeichnet und gleichzeitig die Privatisierung der vier profitabelsten Ölfelder eingeleitet. Auch diese Maßnahmen lösten heftige Proteste aus, die jedoch nicht nur von den Gewerkschaften, sondern auch von sozialen Bewegungen – z.B. Student_innen, Indigenen oder Lehrer_innen – getragen wurden, die 2005 Gutiérrez aus dem Amt vertrieben (ebd.).

Nach zwei von politischer Instabilität gekennzeichneten Jahren wurde 2007 mit Rafael Correa ein dezidiert anti-neoliberaler Präsident gewählt, der vor allem durch die Unterstützung sozialer Bewegungen an die Macht kam (Minkner-Bünjer 2007: 2). Wie auch in Bolivien nimmt die Rohstoffpolitik eine wichtige Rolle innerhalb des Programms der Regierung Correa ein. Besondere Aufmerksamkeit erlangte hierbei das Projekt „Yasuní-ITT", bei dem gegen eine Zahlung von Industrienationen ein in einem Naturschutzgebiet liegendes Ölfeld nicht ausgebeutet und für unantastbar erklärt werden soll (Merino 2011: 8; siehe auch Beiträge von Acosta und Lang in diesem Band).

Jedoch spielt Erdöl eine sehr große Rolle für den ecuadorianischen Staatshaushalt. Auch hier ist der zentrale Punkt der neuen post-neoliberalen Politik eine Neuverhandlung der Verträge mit den Öl fördernden Unternehmen, die ab nun als Dienstleister arbeiten sollen und vom Staat mit einem festen Betrag pro gefördertem Ölfass entlohnt werden sollen. Dadurch sichert sich der ecuadorianische Staat Mehreinnahmen durch Preisschwankungen am Markt. Gleichzeitig wird das staatliche Unternehmen Petroecuador durch vermehrte Investitionen und den Aufkauf – nicht die Enteignung – von Ölfeldern gestärkt. Verstaatlicht im eigentlichen Sinne wurde nicht (Mähler 2011: 3).

Venezuela: Staatliche Kontrolle über Erdöleinnahmen

Die Situation in Venezuela ist in Grundzügen ähnlich wie in Bolivien und Ecuador. Der lange Zeit größte Erdölexporteur der Welt geriet nach einer als „goldenes Jahrzehnt" bezeichneten Phase mit dem Verfall der Preise für Erdöl ab 1982 in eine Wirtschafts- und Schuldenkrise, deren Überwindung wie in den beiden anderen Ländern durch neoliberale Maßnahmen erfolgen sollte. Diese Maßnahmen führten genau wie in Bolivien und Ecuador auch zu einer Verarmung der Bevölkerung[4], die sich ab 1987 in zunehmend gewalttätigen

Revolten niederschlug (Azzellini 2007: 20ff.). Der größte Aufstand war der sogenannte Caracazo im Februar 1989, bei dem – ausgelöst durch gestiegene Fahrpreise – in der Hauptstadt Caracas und anderen Städten massive Proteste und Plünderungen durch die verarmte Bevölkerungsmehrheit stattfanden. Die brutale Repression forderte je nach Schätzung zwischen 1.000 und 3.000 Menschenleben auf Seiten der Protestierenden (Kühn 2007: 128ff). Im Jahr 1992 putschten linke Militärs unter der Federführung des heutigen Präsidenten Hugo Chávez gegen den spätestens seit dem Caracazo völlig delegitimierten Präsidenten Carlos Andrés Pérez. Chávez legte durch den Putsch und eine souveräne Fernsehansprache nach dessen Niederschlagung den Grundstein für seinen Wahlerfolg 1998, den er mit anti-neoliberalen Positionen erzielte (Azzellini 2007: 21).

Die Ressourcenpolitik in Venezuela ist eng mit der Geschichte des 1976 geschaffenen staatlichen Erdölunternehmens PDVSA verbunden. Hierbei wurde der vormals private Besitz an eben dieses Unternehmen übertragen, ohne allerdings das Management oder die Unternehmenskultur zu verändern. PDVSA wurde weiterhin wie ein Privatunternehmen, mit dem Ziel der Profitmaximierung geführt, was besonders Mitte der 1980er Jahre deutlich wurde: Als Reaktion auf die Versuche seitens der venezolanischen Regierung, den Staatsschulden mit Hilfe der Gewinne von PDVSA beizukommen, internationalisierte sich das Unternehmen, um die Abgaben zu verringern. Als in den 1990er Jahren ausländische Investitionen im Erdölsektor ermöglicht wurden, verlegte sich PDVSA darauf, weniger profitable Ölfelder von Privatunternehmen ausbeuten zu lassen und das Öl von diesen zu kaufen. Dies führte teilweise zu der skurrilen Situation, dass PDVSA Verluste mit diesen „Outsourcing-Geschäften" machte, da die Privatunternehmen für die Dienstleistung höhere Preise für dieses Öl verlangten als es auf dem Weltmarkt wert war (Wilpert 2007: 89 ff.).

Eines der zentralen Anliegen von Chávez war es, PDVSA wieder unter staatliche Kontrolle zu bringen. Dies gestaltete sich mehr als problematisch, wie der Putschversuch im April 2002 eindrucksvoll zeigte, als die Opposition den Austausch der PDVSA-Führung zum Anlass nahm, militärisch gegen die Regierung von Chávez vorzugehen (Azzellini 2007: 36).

---

[4] Ende der 1990er Jahre lebten ca. 50 Prozent der venezolanischen Bevölkerung unter der Armutsgrenze (Mähler 2011: 4).

Die Wende kam erst, nachdem von Dezember 2002 bis Februar 2003 ein vom Management durchgeführter Unternehmerstreik und Sabotageaktionen Chávez die Legitimation gaben, 18.000 Ingenieur_innen, Manager_innen und andere Angestellte zu entlassen und durch loyale Angestellte zu ersetzen (Wilpert 2007: 95).

Eine weitere Maßnahme zur Stärkung der Rolle des Staates im Erdölsektor war eine Steuerreform im Jahr 2001, mit der die Lizenzgebühren für die Erdölföderung von 16,6 auf 30 Prozent erhöht wurden, womit sich die Abgabenlast auf rund 60 Prozent erhöhte (Wilpert 2007: 95 ff.). Der wichtigste Schritt war allerdings, dass seit 2007 alle in Venezuela operierenden Firmen, die Erdöl fördern, Joint Ventures mit PDVSA eingehen müssen, bei denen der Anteil des staatlichen Konzerns mindestens 60 Prozent betragen muss (Mähler 2011: 3). Die genauen Modalitäten der Joint Ventures wurden einzeln mit den Unternehmen verhandelt, von denen sich lediglich ExxonMobile verweigerte, dessen ehemalige Ölfelder sich heute komplett in der Hand von PDVSA befinden.[5]

Keine Verstaatlichungen

Die von den Regierungen in Venezuela, Bolivien und Ecuador vorgenommenen Maßnahmen sind im eigentlichen Sinne keine Verstaatlichungen, sondern vielmehr eine Rückgewinnung von Souveränität über die in den jeweiligen Ländern vorhandenen Rohstoffe, bei der nun der Staat einen Anteil an den erwirtschafteten Gewinnen fordert und bekommt. Von Verstaatlichung im Sinne einer kompletten Kontrolle der Staaten über die jeweiligen Rohstoffe kann also keine Rede sein und auch die Prozesse zur Ausweitung der staatlichen Kontrolle sind nicht revolutionär, sondern beschränken sich auf steuerliche Veränderungen, Aufkauf von Produktionsmitteln oder aber Enteignungen mit Entschädigungen. Und die Unternehmen, die mit den Regierungen kooperieren, profitieren auch weiterhin von den Rohstoffen.

Dennoch sind die Erfolge der neuen linken Regierungen nicht von der Hand zu weisen. Erfolg in der Hinsicht, als dass damit zumindest rudimentäre Pro-

---

[5] ExxonMobile klagte gegen diese Maßnahme vor der internationalen Handelskammer ICC und bekam im Dezember 2011 eine Entschädigung von 908 Millionen US-Dollar zugesprochen, was angesichts der ursprünglichen Forderung von zwölf Milliarden US-Dollar als herber Verlust von Exxon bezeichnet werden kann.

gramme zur sozialen Sicherung implementiert und finanziert werden konnten und somit großen Teilen der Bevölkerung, die durch die neoliberale Politik der 1980er und 1990er Jahre verarmt waren, geholfen werden konnte. Am deutlichsten zeigt sich dieser Erfolg in Venezuela, wo zwischen 1999 und 2008 die Armutsrate fast halbiert werden konnte. Aber auch in Bolivien und Ecuador haben die durch Petrodollars finanzierten Sozialprogramme eine erste Senkung der Amutsquote bewirkt. Gefahr birgt hierbei allerdings die einseitige Ausrichtung auf die Rohstoffeinnahmen: In allen drei Ländern machen die Rohstoffexporte den Löwenanteil an den gesamten Exporten aus.[6] Verglichen mit der Situation, die diese Länder in den 1990er Jahren erlebten, als durch die Hegemonie des Neoliberalismus eine souveräne Rohstoffpolitik undenkbar erschien, stellt die erhöhte staatliche Kontrolle über die Rohstoffsektoren jedoch einen enormen Fortschritt dar.

Gleichzeitig ist gerade die Erdölförderung und Rohstoffausbeutung im Allgemeinen mit enormen Konsequenzen für die lokale Bevölkerung und die Umwelt verbunden. Auch muss austariert werden, inwiefern die Exploration und Ausbeutung neuer Rohstofflager den Rechten indigener Gemeinschaften entgegensteht. Schließlich waren es gerade in Bolivien und teilweise auch in Ecuador indigene soziale Bewegungen die Evo Morales und Rafael Correa in die Regierungsämter brachten. Diese fordern zu Recht die Respektierung ihrer Lebensweise ein. Gerade der jeweilige Umgang mit Yasuni-ITT und dem TIPNIS-Konflikt[7] (siehe Text von Sarela Paz in diesem Band) verdeutlicht die Widersprüchlichkeit zwischen Regierungshandeln und den eigenen (diskursiven) Ansprüchen. Unstrittig ist, dass ein wirtschaftliches und soziales Modell, das nur auf der Ausbeutung von Rohstoffen beruht, zumindest langfristig überwunden werden muss, sollen die Errungenschaften, die die neuen linken Regierungen gerade für arme Bevölkerungsschichten erreicht haben, nachhaltig wirksam sein.

---

[6] Bolivien: 40, 5 Prozent; Ecuador: 50,5 Prozent; Venezuela: 95,8 Prozent. Alle Zahlen aus dem Jahr 2009 (Mähler 2011: 3)

[7] Dabei geht es um den Konflikt um den Bau einer Überlandstraße durch das indigene Territorium TIPNIS in Bolivien.

Literatur

Azzellini, Dario (2007): *Venezuela Bolivariana – Revolution des 21. Jahrhunderts?*; Köln: ISP Verlag.

Fritz, Thomas (2006): *„Die Plünderung ist vorbei" – Boliviens Nationalisierung der Öl- und Gasindustrie*; Berlin: Forschungs- und Dokumentationszentrum Chile-Lateinamerika (FDCL).

Kaup, Brent Z. (2010): „A Neoliberal Nationalization? – The Constraints on Natural-Gas-LedDevelopment in Bolivia"; In: *Latin American Perspectives*, Mai 2010, Vol. 37, Nr. 3, S. 123-138.

Kühn, Jan (2007): „Die venezolanische Linke und der Bolivarianische Prozess"; In: Andrej Holm (Hg.): *Revolution als Prozess – Selbstorganisierung und Partizipation in Venezuela*; Hamburg: VSA-Verlag, S. 117-135.

Mähler, Annegret, Gabriele Neußer & Almut Schilling-Vacaflor (2011): „Schwarzes Gold und grüne Ambitionen: Ressourcenpolitik in den Andenländern"; In: *GIGA Focus Lateinamerika*, Hamburg: ILAS, S. 5-11.

Merino, Roger (2011): *What is 'Post' in Post-Neoliberal Economic Policy? Extractive Industry Dependence and Indigenous Land Rights in Bolivia and Ecuador*; http://ssrn.com/abstract=1938677 (Zugriff: 31.01.2012).

Minkner-Bünjer, Mechthild (2007): „Ecuador unter Correa: Rückkehr zur Stabilität?"; In: *GIGA Focus Lateinamerika*, Hamburg: ILAS, S. 4-7.

Perreault, Tom & Gabriela Valdivia (2010): „Hydrocarbons, popular protest and national imaginaries: Ecuador and Bolivia in comparative context"; In: *Geoforum*, 41(5), S. 689-699.

Ptak, Ralf (2007): „Grundlagen des Neoliberalismus"; In: Christoph Butterwegge et al. (Hg.): *Kritik des Neoliberalismus*; Wiesbaden: VS Verlag, S.13-86.

Wilpert, Gregory (2007): *Changing Venezuela by taking power – the history and politics of the Chávez government*; London, New York: Verso.

Wirtschaft und Sozialpolitik in Venezuela und Bolivien

Der mit der staatlichen Kontrolle über die extraktiven
Industrien verbundene Anstieg der staatlichen
Einnahmen hat in Venezuela und Bolivien zu einer
Ausweitung der Sozialausgaben geführt
– eine Zusammenstellung wirtschaftlicher Indikatoren

Mark Weisbrot, Rebecca Ray, Luis Sandoval & Jake Johnston

Während der aktuellen wirtschaftlichen Expansionsphase in Venezuela
haben sich Armut und extreme Armut deutlich reduziert. Der Anteil der
Haushalte in Armut sank um mehr als die Hälfte, von 54 Prozent in der
ersten Jahreshälfte 2003 auf geschätzte 26 Prozent Ende 2008. Der Anteil
der Haushalte in extremer Armut sank sogar noch mehr: um 72 Prozent auf
sieben Prozent aller Haushalte. Das ist eine bemerkenswerte Leistung, die
Venezuela in greifbare Nähe der vollständigen Abschaffung der extremen
Armut rückt. Es sei angemerkt, dass in den Millenium-Entwicklungszielen
der UNO eine Halbierung der extremen Armut innerhalb des Zeitraums
1990 bis 2015 gefordert wird. Nimmt man die erste Jahreshälfte 1999 zum
Ausgangspunkt, hat sich der Anteil der Haushalte in Armut um 39 Prozent
vermindert, von 42,8 auf 26 Prozent. Der Anteil extremer Armut sank um
mehr als die Hälfte, von 16,6 auf sieben Prozent.

Zudem erfolgte eine deutliche Verringerung bei der Ungleichheit nach dem
Gini-Index[1]. Seit der Wahl von Chávez sank dieser um nahezu sechs Punkte,
von 46,69 auf 40,99. Während der jüngsten Expansionsphase war die Verringerung sogar noch größer: um mehr als sieben Punkte von 48,11 auf 40,99.
Um sich eine Vorstellung von der Größenordnung dieser veränderten Ein-
kommensverteilung machen zu können, vergleiche man die Zahlen mit einer

---

[1] Mit dem GINI-Index (auch GINI-Koeffizient) wird statistisch die Ungleichvertei-
lung in einer Ökonomie dargestellt. Je höher der Wert ist, desto ausgeprägter ist die
Ungleichheit (Anm. d. Hrsg.)

ähnlichen Entwicklung in die andere Richtung: Von 1980 bis 2005 stieg der Gini-Index für die USA von 40,3 auf 46,92 Punkte. In dieser Zeit erfolgte eine große Umverteilung der Einkommen (von unten nach oben).

Gesundheit und Bildung in Venezuela

Die Gesundheitsindikatoren, vor allem bei Kindern, haben sich in den letzten zehn Jahren aufgrund der Sozialpolitik der Regierung verbessert. Die Säuglingssterblichkeit ist um mehr als ein Drittel gefallen, von 21,4 auf 14,2 Todesfälle pro 1.000 Lebendgeburten. Die größte Verbesserung fand bei Kindern im Alter zwischen einem und elf Monaten statt: die postnatale Sterblichkeit sank um mehr als die Hälfte, von 9,0 auf 4,2 Fälle pro 1.000 Lebendgeburten.

Eine ähnlich verbesserte Situation zeigt sich bei der Ernährungssicherheit der venezolanischen Bevölkerung. Die durchschnittliche Kalorienzufuhr stieg von 91 Prozent der empfohlenen Menge 1998 auf 101,6 Prozent im Jahr 2007. Noch wichtiger aber: Die Zahl der Sterbefälle aufgrund von Mangelernährung sank zwischen 1998 und 2006 um über 50 Prozent, von 4,9 auf 2,3 Fälle pro 100.000 Einwohner_innen. Zur Erreichung dieses Ziels haben zwei neue Programme beigetragen: Erstens das Schulspeisungsprogramm *Programa Alimenticio Escolar (PAE)*, das im Jahr 1999 an eine Viertelmillion Schüler_innen kostenloses Frühstück, Mittagessen und einen Imbiss verteilte. Im Jahr 2008 kamen bereits über vier Millionen Schüler_innen in den Genuss dieser Leistung. Zweitens das Netz staatlicher Lebensmittelläden *Mercal*, das 2003, im Jahr seiner Gründung, 45.662 Tonnen stark verbilligter Lebensmittel verkaufte. Im Jahr 2008 waren es bereits 1,25 Millionen Tonnen.

Eine weitere Verbesserung für die Gesundheitssituation ist der im Vergleich zu der Zeit vor Chávez' Amtsantritt viel größere Anteil der Bevölkerung mit Zugang zu Trinkwasser und Abwasserentsorgung. 1998 hatten 80 Prozent der Venezolaner_innen Zugang zu Trinkwasser und 62 Prozent zu Abwasserentsorgung. Im Jahr 2007 hatten 92 Prozent Zugang zu Trinkwasser und 82 Prozent verfügten über eine Abwasserentsorgung. Von 1998 bis heute ist die Zahl der Venezolaner_innen mit Zugang zu sauberem Trinkwasser um etwa vier Millionen gestiegen, die der Personen mit Abwasserentsorgung um über fünf Millionen.

Die verbesserten Zahlen sind auch einer deutlich ausgeweiteten Gesundheitsversorgung geschuldet. Von 1999 bis 2007 stieg die Zahl der Allgemeinmediziner_innen im staatlichen Gesundheitssystem um mehr als das Zwölffache, von 1.628 auf 19.571, wodurch Millionen armer Venezolaner_innen erstmals Zugang zur Gesundheitsversorgung erhielten. 1998 betrug die Zahl der Notfallstationen 417, die der Rehabilitationszentren 74 und die allgemeinmedizinischer Einrichtungen 1.628. Im Februar 2007 gab es dagegen 721 Notfallstationen, 445 Rehabilitationszentren und 8.621 allgemeinmedizinische Einrichtungen (6.500 davon sind Ambulanzen, vor allem in Armenvierteln). Diese neuen Gesundheitsstationen wurden seit dem Beginn des Programms über 250 Millionen Mal aufgesucht, jede einzelne also knapp 37.000 Mal. Seit 2004 erhielten 399.662 Personen Augenoperationen, durch die ihr Sehvermögen wieder hergestellt wurde. 1999 erhielten 335 HIV-Patienten eine antiretrovirale Therapie durch den Staat, im Jahr 2006 waren es bereits 18.538.

Bildung

Verbesserungen der Bildungssituation sind in Venezuela sowohl bei den regulären als auch bei den Schüler_innen des zweiten Bildungsweges zu beobachten. Der Schulbesuch von Kindern im schulpflichtigen Alter ist deutlich angestiegen. So stieg bei den Schüler_innen der grundlegenden Bildungsstufe (Klassen 1-9) die Teilnahme am Unterricht von 85 auf 93,6 Prozent, bei den höheren Jahrgangsstufen sogar noch mehr, von einem Fünftel auf über ein Drittel der Bevölkerung.

Der Zuwachs bei den Schulbesuchszahlen für die grundlegende Bildungsstufe liegt bei 8,6 Prozent aller Kinder im Alter von fünf bis 14 Jahren – das sind fast eine halbe Million Kinder, die ansonsten keine Schulbildung erlangt hätten. Im Bereich der höheren Bildung liegt der Anstieg bei 14,7 Prozent aller Jugendlichen im Alter von 15 bis 19 Jahren. Das heißt, fast 400.000 Jugendliche mehr konnten infolge der größeren sozialen Investitionen ihren Bildungsweg an der Schule fortsetzen. Der größte Zuwachs betraf jedoch die Hochschulbildung. Vom akademischen Jahr 1999/2000 bis 2006/2007 stieg der Anteil der Studierenden um 86 Prozent. Bei Ausweitung des Zeitraums auf das akademische Jahr 2007/2008 ist Schätzungen zufolge sogar ein Anwachsen um 138 Prozent zu verzeichnen.

Die Regierung Chávez rief ebenfalls die *Misión Ribas* ins Leben, ein Programm zur Erreichung eines Abschlusses der höheren Bildung auf dem zweiten Bildungsweg. Die *Misión Ribas* existiert seit 2003, die ersten Absolvent_innen erlangten ihren Abschluss dort im Jahr 2005. Während der ersten drei Jahre schlossen mehr als eine halbe Million Schüler_innen das Programm erfolgreich ab – das entspricht etwa drei Prozent der venezolanischen Bevölkerung. Zusätzlich wurde von der Regierung mit der *Misión Robinson* ein groß angelegtes Alphabetisierungsprogramm durchgeführt.

Staatsfinanzen und Leistungsbilanz

Die venezolanischen Staatseinnahmen haben erheblich vom Steigen der Ölpreise bis 2008 profitiert. Der Weltmarktpreis kletterte von 19,30 US-Dollar pro Barrel 1999 auf 99,70 US-Dollar im Jahr 2008. Auch der Anteil Einnahmen, die nicht vom Erdöl stammen, am BIP stieg innerhalb der letzten zehn Jahre deutlich: von 11,7 Prozent des BIP 1998 auf 14,2 Prozent im Jahr 2007. Dies ist auf die effektivere Eintreibung der Steuern zurückzuführen.

Die Einnahmen des Staates stiegen von 17,4 Prozent 1998 auf 28,7 Prozent des BIP im Jahr 2007. Auch die Ausgaben des Staates erhöhten sich in diesem Zeitraum, von 21,4 auf 25,7 Prozent des BIP. 2007 erwirtschaftete die Regierung einen Haushaltsüberschuss von drei Prozent des BIP.

Es ist anzumerken, dass in diesen Zahlen noch nicht alle staatlichen Ausgaben der Zentralregierung enthalten sind. In den letzten Jahren wurde ein Großteil der Staatsausgaben direkt durch das staatliche Erdöl-Unternehmen PDVSA getätigt. So beliefen sich die öffentlichen Ausgaben von PDVSA in den ersten drei Quartalen (Januar-September) 2008 auf 13,9 Milliarden US-Dollar – das entspricht 6,1 Prozent des BIP. Die realen (inflationsbereinigten) Sozialausgaben pro Person haben sich zwischen 1998 und 2006 zudem mehr als verdreifacht. Die gesamte Staatsverschuldung sank im Laufe des Jahrzehnts von 30,7 auf 14,3 Prozent des BIP. Bei den staatlichen Auslandsschulden war der Rückgang sogar noch größer: von 25,6 auf 9,8 Prozent des BIP.

Bolivien: Die Wirtschaft unter der Regierung Morales

Seit 2004 sind die bolivianischen Staatseinnahmen um fast 20 Prozentpunkte des BIP gestiegen. Dieser Zuwachs ist enorm (zum Vergleich: Die Gesamteinnahmen der US-Regierung lagen in den vergangenen 40 Jahren bei durchschnittlich 18,7 Prozent des BIP). Der größte Teil der Steigerung war den umfangreicheren Staatseinnahmen aus Erdöl- und Erdgas geschuldet, die seit der 2005 beschlossenen Erhöhung der Förderabgaben erzielt werden konnten. Die Regierung Morales setzte die Erhöhung von Einnahmen aus der Erdöl- und Erdgasindustrie 2006 durch die Wiederverstaatlichung der Betriebe fort. Dadurch stiegen die Staatseinnahmen in diesem Sektor von 2004 bis 2008 um 3,5 Milliarden US-Dollar: von 58,30 auf 401,1 US-Dollar pro Kopf (Dollarwert des Jahres 2008). Der Anteil am BIP betrug 5,6 Prozent im Jahr 2004 und erreichte einen Höchststand von 25,7 Prozent im vierten Quartal 2008. Der größte Zuwachs davon fand nach 2006 statt. Bis zum zweiten Quartal 2009 sanken die Staatseinnahmen aus Erdöl und Erdgas von ihrem Höchststand wieder auf 21,1 Prozent des BIP ab. Diese Entwicklung war dem Rückgang der Weltmarktpreise für Erdöl und Erdgas im dritten Quartal 2008 geschuldet, der Bolivien durch die Verträge der Regierung mit ausländischen Erdgaskonzernen erst mit Verzögerung erreichte.

Auch die Staatsausgaben erhöhten sich unter Morales erheblich, jedoch viel geringer als die Einnahmen: von 34 Prozent des BIP 2005 auf 45,1 Prozent 2008. Dadurch konnten während dieses Zeitraums beträchtliche Haushaltsüberschüsse erwirtschaftet werden, im Gegensatz zu den beständigen Haushaltsdefiziten der Jahre 2000 bis 2005. Dies hatte ein immenses Anwachsen der internationalen Währungsreserven zur Folge, vermutlich größer als notwendig.

Die wichtigste finanzpolitische Maßnahme bestand jedoch in der Erhöhung der Ausgaben 2007 bis 2009 (erste Jahreshälfte). Der Haushaltsüberschuss von fünf Prozent des BIP im ersten Quartal 2008 verwandelte sich in ein Defizit von 0,7 Prozent des BIP im ersten Quartal 2009 – eine deutliche Verschiebung um fast sechs BIP-Prozentpunkte. Wohl vor allem durch diese Maßnahme wurden Bolivien die schwersten Folgen des Abschwungs erspart, der den übrigen Teil der Region mehrheitlich erfasste. Ohne die wiedererlangte Kontrolle der Regierung über Erdgasproduktion und -einkünfte wäre dies nicht möglich gewesen.

Öffentliche Investitionen und Sozialausgaben

Ab 2003 wurden die Haushaltsausgaben für öffentliche Investitionen gesenkt. Dann wurden sie von 6,3 Prozent des BIP im Jahr 2005 auf 10,5 Prozent in 2009 erhöht. Etwa 1,5 Prozent dieses Anstiegs entfiel auf Infrastrukturprojekte. Die öffentlichen Investitionen, inklusive der Infrastrukturprojekte, waren ein wichtiger Bestandteil der gestiegenen Staatsausgaben, vor allem des Ausgabenzuwachses im Jahr 2009. Investitionen in Infrastruktur sind wahrscheinlich für jedwede Entwicklungsstrategie Boliviens von großer Bedeutung; nach Angaben der Weltbank sind die Transportkosten in Bolivien etwa zwanzigmal höher als in Brasilien.

Ein Teil der höheren öffentlichen Investitionen ist auf die Schaffung der bolivianischen Entwicklungsbank Banco de Desarrollo Productivo (BDP) zurückzuführen. Die Vorgängerinstitution Nacional Financiera de Bolivia (NAFIBO) besaß Ende 2006 ein Portfolio von 26,6 Millionen US-Dollar. Seit der Neugründung stieg das Portfolio der *BDP* kontinuierlich; bis Oktober 2009 umfassten die von ihr ausgegebenen Darlehen insgesamt 15.903 Kredite im Wert von 156 Millionen US-Dollar (im Durchschnitt jeweils 10.000 US-Dollar). Das entspricht etwa einem Prozent des bolivianischen BIP im Jahr 2008.

Bolivien hat auch die Ausgaben für Sozialprogramme für Arme im Gesundheits- und Bildungsbereich erhöht. Drei Arten von Transferleistungen wurden aus Einnahmen der Erdöl- und Erdgasproduktion geschaffen: der *Bono Juancito Pinto*, die *Renta Dignidad* und der *Bono Juana Azurduy*. Der *Bono Juancito Pinto* existiert seit 2006. Er besteht in einem jährlichen Zuschuss von 200 Bolivianos (ca. 29 US-Dollar) als Anreiz für Kinder, die Schule bis zur sechsten Klasse der Grundschule zu besuchen; um den Betrag erhalten zu können, müssen die Schüler_innen in der Schule angemeldet sein.

Die *Renta Dignidad* wurde 2008 eingeführt und ist eine Erweiterung des früheren *Bonosol*-Programms. Dieser Zuschuss wird allen über 60-Jährigen mit geringem Einkommen gewährt: 1.800 Bolivianos (ca. 258 US-Dollar) für Empfänger_innen von Sozialhilfe und 2.400 Bolivianos (ca. 344 US-Dollar) für Menschen ohne Sozialhilfe.

Der *Bono Juana Azurduy* (auch bekannt unter dem Namen *Bono Madre Niño Niña*) startete im Mai 2009. Dabei wird nicht versicherten, werdenden Müttern Geld dafür gezahlt, dass sie während und nach der Schwangerschaft ärztliche Betreuung in Anspruch nehmen, wodurch die Mütter- und die Säuglingssterblichkeit verringert werden sollen. Werdende Mütter erhalten jeweils 50 Bolivianos für die Vornahme von vier vorgeburtlichen Untersuchungen, 120 Bolivianos für die Geburt und 125 Bolivianos für jeden Arztbesuch bis zum zweiten Lebensjahr des Kindes. Für den Erhalt der Unterstützung müssen die Mütter die geforderten Besuche nachweisen.

Armut und Ungleichheit

Aktuelle Daten zur Armut in Bolivien liegen nur bis 2007 vor. Seit 2005 hat es hier kaum Veränderungen gegeben, sie stieg im Zeitraum 2005 bis 2007 um 0,5 Prozent. Auch die extreme Armut ist um einen Prozentpunkt angestiegen. Diese Zahlen berücksichtigen jedoch nicht die verbesserten Zugangsmöglichkeiten zu öffentlichen Dienstleistungen, etwa im Gesundheits- oder Bildungsbereich. Auch die Folgen der Ausweitung der oben beschriebenen Programme im Jahr 2008 sind nicht enthalten. Bei der Verbesserung der Lebensqualität für die Haushalte ist vor allem der breitere Zugang zu elektrischem Strom zu nennen: Heute verfügen 80,2 Prozent der Haushalte über Strom, ein Zuwachs um fast 12 Prozent gegenüber ehemals 68,3 Prozent. Der Anteil der Haushalte mit Abwasserentsorgung stieg von 45,9 auf 50,8 Prozent, der Zugang zu fließendem Wasser stieg nur geringfügig.

Angesichts der Mittel, die die Regierung in den letzten Jahren anhäufen konnte, gibt es noch deutlichen Spielraum für weitere Anstrengungen auf dem Gebiet der Armutsbekämpfung. Durch die oben beschriebenen Programme wurde ein beachtenswerter Anfang gemacht, sie müssen jedoch noch ausgeweitet werden. Ein Anteil extremer Armut von 37,7 Prozent, selbst wenn dieser in den letzten beiden Jahren etwas gesunken ist, ist immer noch sehr hoch. Extreme Armut beinhaltet, dass kein regelmäßiger Zugang zu lebensnotwendigen Dingen besteht: zum Beispiel haben etwa 28 Prozent der Bevölkerung keinen Zugang zu Trinkwasser und 24 Prozent der Kinder unter drei Jahren sind unterernährt. Die Einrichtung von Programmen zur Verteilung subventionierter Lebensmittel scheint dringend geboten, was im Jahr 2008 teilweise umgesetzt wurde, als die Lebensmittelpreise in die Höhe schnellten. Es muss jedoch noch viel mehr getan werden, vor allem in ländlichen Gebieten – 40 Prozent der bolivianischen Bevölkerung ist immer noch in der Landwirtschaft tätig. Einige Entwicklungsziele können nur mittel-

und langfristig erreicht werden, etwa die Schaffung von Arbeitsplätzen und die Erhöhung der Produktivität in der Landwirtschaft. Vieles kann jedoch schon kurzfristig erreicht werden: durch Zugang zu subventionierten Lebensmitteln, Förderung kleiner Erzeuger_innen und Infrastruktur für einen verbesserten Trinkwasserzugang. Da das Land überschüssige Reserven hat und weit von der Gefahr einer Inflation entfernt ist, ist die Hauptaufgabe, die vorhandenen Mittel für praktische Projekte einzusetzen und auszugeben.

Bei der Betrachtung der Säuglings- und Kindersterblichkeit innerhalb der letzten 20 Jahre fällt auf, dass es im Zeitraum 2005 bis 2008 zu keiner messbaren Verminderung der neonatalen Sterblichkeit und nur zu einer relativ geringen Verringerung der Säuglingssterblichkeit insgesamt kam. Die Zahlen gehören zu den höchsten in ganz Amerika. Wie bereits oben beschrieben, wurde jedoch im Mai 2009 das Programm *Bono Juana Azurduy* gestartet, das vor allem auf die vorgeburtliche Versorgung abzielt. Seine Erfolge bleiben abzuwarten, offensichtlich ist sie jedoch äußerst notwendig. Zahlen zur Ungleichheit liegen nur bis 2007 vor. Für den Zeitraum 2005 bis 2007 ist eine Verringerung der durch den Gini-Koeffizienten gemessenen Ungleichheit von 60,2 auf 56,3 Punkte zu erkennen. Bei der Betrachtung der Entwicklung der Sozialausgaben in realen (inflationsbereinigten) Bolivianos ist für den Zeitraum 2005 bis 2008 ein leichter Anstieg von 6,3 Prozent zu verzeichnen. Gemessen am BIP war hier jedoch ein geringfügiges Absinken festzustellen, von 12,4 auf 11,2 Prozent des BIP.

Angesichts des oben beschriebenen großen Anteils von Armen an der bolivianischen Bevölkerung und ihrer Bedürftigkeit sowie der von der Regierung in den letzten Jahren angehäuften Mittel, scheint eine Erhöhung der Sozialausgaben zur Verringerung der Armut und der Befriedigung von Grundbedürfnissen, wie Versorgung mit Nahrungsmitteln, Gesundheit und Bildung, geboten.

Anmerkung

Bei dieser Zusammenstellung handelt es sich um aus dem Englischen übersetzte Auszüge aus zwei Studien des Center for Economic and Policy Research (CEPR): Weisbrot, Mark; Rebecca Ray & Luis Sandoval (2009): *The Chávez Administration at 10 Years: The Economy and Social Indicators* und Weisbrot, Mark; Rebecca Ray & Johnston, Jake (2009): *Bolivia: The Economy During the Morales Administration*. Die Studien sind zu finden unter: www.cepr.net

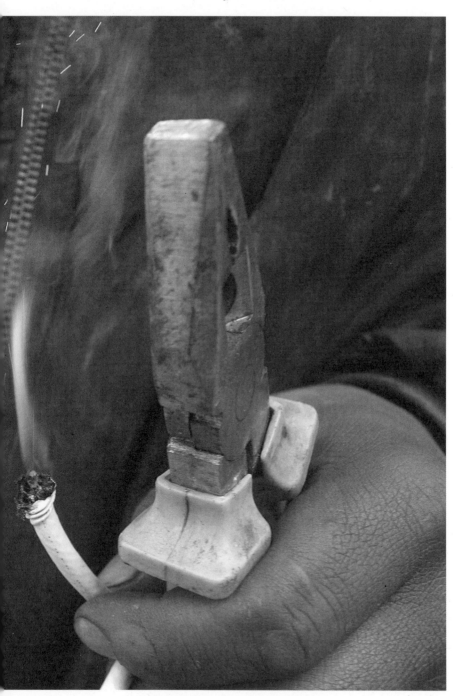

Der neue progressive Extraktivismus in Südamerika

Eduardo Gudynas

Während Europa und ein großer Teil der Welt sich in einer schweren Wirtschafts- und Finanzkrise befinden, erlebt Südamerika eine Zeit des Wohlstands, mit hohen Wachstumsraten, Verringerung der Armut und niedriger Arbeitslosigkeit. Und während sich weltweit viele linke Parteien auf dem Rückzug befinden, werden die Staaten Südamerikas zudem mehrheitlich von sogenannten progressiven Regierungen, oder der „Neuen Linken", regiert.

Trotz dieser Umstände und all der in Südamerika vollzogenen Veränderungen ist es bemerkenswert, dass ein Entwicklungsmodell aufrecht erhalten wird, das nach wie vor auf Rohstoffabhängigkeit setzt. Tatsächlich werden die traditionellen Aktivitäten in Bergbau und Erdölförderung nicht nur fortgesetzt, sondern in vielen Ländern sogar noch ausgeweitet. Gleichzeitig wird eine immer intensivere Landwirtschaft betrieben. All diese Tätigkeiten, die sich dem sogenannten Extraktivismus zuordnen lassen, sind auf den Export ausgerichtet, und Südamerika verdankt sein anhaltendes Wirtschaftswachstum der Rolle als Rohstofflieferant für die globalen Märkte, insbesondere für Asien.

Dieses Phänomen vollzieht sich unter progressiven Regierungen. Zweifellos unterscheiden sich deren Strategien von denen vorheriger konservativer oder Mitte-Rechts-Regierungen, daher kann von einem neuen, „progressiven Extraktivismus" gesprochen werden. Dabei übernimmt der Staat eine aktivere Rolle, die Unterordnung unter den Weltmarkt wird allerdings beibehalten. Es werden Mittel für Programme zur Armutsbekämpfung erwirtschaftet, die sozialen und ökologischen Folgen bleiben jedoch bestehen. Es handelt sich also um ein heterodoxes Entwicklungsmodell, das voller Spannungen und Widersprüche ist, obwohl diese anders geartet sind als die der Vergangenheit. In dem vorliegenden Beitrag sollen einige zentrale Punkte dieser Situation zusammengefasst werden.

Der neue politische Kontext Südamerikas

Bis vor nicht allzu langer Zeit stellte die traditionelle Linke die konventionellen Entwicklungsmodelle generell in Frage, und mit ihnen auch den Extraktivismus. Kritikpunkte waren die Exportabhängigkeit, die Rolle der Enklavenökonomien, die Arbeitsbedingungen, die enorme Macht ausländischer Unternehmen, die sehr geringe staatliche Präsenz oder die schwache Besteuerung. Die Kritik richtete sich auf die typischen extraktiven Bereiche, wie Bergbau und Erdölförderung. Es wurde gefordert, die neoliberalen Reformen wieder rückgängig zu machen und mit der Abhängigkeit zu brechen. So wurde von unterschiedlichen Kreisen angenommen, dass die Neue Linke nach Eroberung der Regierungsmacht substantielle Veränderungen in den extraktivistischen Bereichen anstoßen würde.

Die Neue Linke, oder die progressiven Regierungen, kamen mit dem Versprechen an die Macht, die Entwicklungsmodelle zu verändern. Zu dieser breiten und vielfältigen Gemeinschaft gehören die Regierungen von Néstor Kirchner und Cristina Fernández de Kirchner in Argentinien, Evo Morales in Bolivien, Rafael Correa in Ecuador, Luiz Inácio Lula da Silva und seine Nachfolgerin Dilma Rousseff in Brasilien, Tabaré Vázquez und José Mujica in Uruguay sowie Hugo Chávez in Venezuela. Diesem Zusammenhang lassen sich, wenn auch unter Vorbehalt, ebenso Fernando Lugo in Paraguay und Ollanta Humala in Peru sowie für die Vergangenheit auch Michelle Bachelet in Chile zuordnen. Es ist völlig klar, dass es sich um sehr unterschiedliche Regierungen handelt – dennoch sagen alle, Teil derselben Strömung zu sein, und verteidigen auf ihre je eigene Weise die Rückkehr des Staates und den Kampf gegen die Armut.

Der heutige Extraktivismus

Trotz dieses gewaltigen politischen Linksrucks werden in allen Ländern extraktivistische Praktiken aufrecht erhalten. Die extraktivistischen Bereiche behalten nicht nur ihre Bedeutung, sie verwandeln sich in eine der wichtigsten Säule aktueller Entwicklungsstrategien.

Von dem Venezuela Hugo Chávez' bis hin zu dem moderaten Lula da Silva in Brasilien setzt man weiterhin auf Bergbau und Erdöl. Der Anteil von Primärgütern an den Gesamtexporten beträgt über 90 Prozent in Venezuela, Ecuador und Bolivien; er übersteigt die 80-Prozent-Marke in Chile und Peru; in Brasilien unter Lula stieg er bis auf 60 Prozent (laut Angaben der CEPAL). Den größten Teil davon machen Bergbauprodukte, Kohlenwasserstoffe und exportorientierte Monokulturen aus.

Man könnte argumentieren, es handle sich um eine von den vorherigen Regierungen übernommene „Gewohnheit", und ein Abweichen von diesem Weg sei naiv oder unvernünftig. Eine solche Position spricht jedoch gegen die Fakten, haben doch die progressiven Regierungen dieses Modell nicht nur beibehalten, sondern sie versuchen, es noch intensiver zu betreiben und auf weitere Bereiche auszudehnen.

Tatsächlich nimmt der exportorientierte Extraktivismus in allen genannten Ländern zu. Zum Beispiel kletterten die Exporte von Bergbauprodukten aus den Staaten des erweiterten MERCOSUR-Raums (Argentinien, Bolivien, Brasilien, Chile, Paraguay und Uruguay) von 20 Milliarden US-Dollar 2004 auf den Spitzenwert von über 58 Milliarden im Jahr 2008, bevor sie auf über 42 Milliarden im Jahr 2009 absanken (CEPAL-Angaben). Ein Beispiel, das die Intensivierung diese Modells gut illustriert, ist Argentinien: Von 2003 bis 2006, unter der Präsidentschaft von Néstor Kirchner, stieg die Gesamtzahl der Bergbauprojekte um über 800 Prozent, die Gesamtinvestitionen stiegen um 490 Prozent, wobei die Investitionsvorteile und die bescheidenen Förderabgaben von drei Prozent beibehalten wurden (Gutman 2007). Unter der Regierung seiner Frau, Cristina Fernández de Kirchner, setzt sich dieser Trend fort, was besonders deutlich wird durch die Zustimmung zu dem mit Chile geteilten Bergbaugroßprojekt Pascua-Lama, das zur zweitgrößten Goldmine des Kontinents werden soll.

Unter Lula da Silva entwickelte sich Brasilien zur Bergbau-Nation: Es wird davon ausgegangen, dass das Land bis zum Jahr 2013 durch die Inbetriebnahme neuer Abbau- und Verarbeitungsbetriebe doppelt so viel Aluminium und dreimal so viel Kupfer produziert als bisher (USGS 2008). Zu Beginn der Regierung der Arbeiterpartei PT und ihrer Verbündeten im Jahr 2003 betrug die Kupferproduktion 264 Millionen Tonnen, bis 2008 stieg sie auf 370 Millionen Tonnen (IBRAM 2009); die Bergbau-Exporte kletterten von etwas über sechs Milliarden US-Dollar 2003 auf mehr als 24 Milliarden US-Dollar 2009 (CEPAL-Daten). Derzeit sind die Bergbauexporte Brasiliens höher als in allen Andenländern zusammen.

Diese Expansion trifft auch auf andere Länder zu. Beispielsweise wurde in dem Erdölland Ecuador unter der Regierung Correa ein Programm zur Förderung von Bergbaugroßprojekten gestartet. Der Fall Uruguay ist noch dramatischer: Dort spielte Bergbau eine marginale Rolle, doch nun treibt die Regierung Mujica intensiv den Abbau von Eisenerz in Tagebauen voran.

Es muss auch erwähnt werden, dass insbesondere in Argentinien, Brasilien und Uruguay eine grundlegende Umstellung der Landwirtschaft auf Monokulturen für den Export durchgeführt wurde. Dabei handelt es sich um agrarischen Extraktivismus. Dieser lässt sich vor allem bei dem Anbau von Soja beobachten, welcher auf genetisch verändertem Saatgut, hohem Maschineneinsatz, chemischen Herbiziden, geringer oder gar keiner Verarbeitung und dem Export als Rohstoff beruht. Dasselbe gilt für forstwirtschaftliche Monokulturen, die große Flächen in Anspruch nehmen und der Zellulose-Produktion dienen.

Ein Extraktivismus neuer Art

Trotz des Festhaltens am extraktivistischen Modell darf man nicht annehmen, es sei heute identisch mit dem der konservativen Regierungen in der Vergangenheit, da wichtige Veränderungen bei der Besteuerung, Förderabgaben etc. stattgefunden haben.

Bei dem konventionellen Extraktivismus, insbesondere während der 1980er und 1990er Jahre, spielte der Staat eine eingeschränkte Rolle, während dem Markt die Betreibung der Projekte überlassen wurde, mit der Folge einer starken Transnationalisierung. Im Neo-Extraktivismus hingegen ist der Staat sehr viel aktiver; es gibt klarere Regeln (unabhängig davon, ob diese nun gut sind oder nicht), und es geht nicht notwendigerweise darum, politischen „Freunden" zu Diensten zu sein. In einigen Fällen verhandelten die neuen Regierungen bestehende Verträge neu, erhöhten Förderabgaben und Steuern und stärkten die Position ihrer staatlichen Unternehmen.

Ein Beispiel für diese deutlichen Veränderungen ist Bolivien, wo die Regierung Evo Morales 2006 die Neuverhandlung der Verträge mit den Erdölkonzernen durchsetzte, Förderabgaben und Steuern erhöhte sowie versuchte, das staatliche Erdölunternehmen YPFB zu stärken. In Venezuela geschah dasselbe: Die Regierung Chávez setzte die Mehrheitsbeteiligung des staatlichen Erdölkonzerns PDVSA für Projekte mit Privatunternehmen durch, ebenso die verstärkte Zusammenarbeit mit Staatsunternehmen anderer Länder. So wurden, um beim Beispiel Erdöl zu bleiben, in verschiedenen Ländern die Konzessionen neu ausgehandelt, bis hin zu den sogenannten Serviceverträgen, bei denen der Staat die Kontrolle über die Lagerstätten hat und die privaten Unternehmen für Förderung und Vertrieb verantwortlich sind. Dies bedeutet eine aktivere Rolle des Staates, mit direkten und indirekten Eingriffen in die Förderung.

Internationale Integration, Welthandel und Kapitalflüsse

Während der alte Extraktivismus auf Exporte oder den Weltmarkt abzielte, berufen sich die progressiven Regierungen auf Globalisierung und Konkurrenzfähigkeit. Indem sie die globale Krise des Kapitalismus akzeptieren, lassen sich die linken Regierungen auch auf dessen Regeln für Handel, Kapitalflüsse, die Ausweitung des Warenbegriffs und der Eigentumsrechte ein. All dies mündet in die Verteidigung internationaler Institutionen, wie der Welthandelsorganisation (WTO).

Dadurch wird eine untergeordnete Rolle auf den globalen Märkte akzeptiert, wobei die südamerikanischen Staaten zu Mengenanpassern werden, stark von internationalen Zwischenhändlern und Brokern sowie Kapitalflüssen abhängig sind und ihre nationalen Entscheidungen sich auf Gelegenheiten für Geschäfte beschränken. So entsteht unter den südamerikanischen Staaten eine blinde Konkurrenz um ausländische Investor_innen.

Die progressiven Regierungen kümmern sich nicht um die Erfahrungen der Vergangenheit. Einer der größten Fälle von Amnesie betrifft die Bemühungen der Welthandels- und Entwicklungskonferenz UNCTAD um eine Regulierung des Welthandels und der Preise für Rohstoffe (sowohl fossiler als auch landwirtschaftlicher Herkunft).

Ebenso wird die Liberalisierung von Kapitalflüssen unterstützt. Alle Länder versuchen, ausländische Investitionen zu akquirieren, und sichern den Unternehmen zu, ihre Gewinne abziehen zu können. So stiegen beispielsweise die von ausländischen Unternehmen ins Ausland transferierten Gewinne von gut 4,4 Milliarden US-Dollar in Chile zu Beginn der Ära Ricardo Lagos' auf über

13 Milliarden zu Ende seiner Amtszeit, um während der Regierungszeit Michelle Bachelets auf 25 Milliarden US-Dollar anzuwachsen.

Diese und andere Punkte zeigen, dass der Neo-Extraktivismus der Globalisierung der Waren- und Finanzmärkte dient und die untergeordnete Rolle Südamerikas in der Welt aufrecht erhält.

Deterritorialisierung und territoriale Fragmentierung

Das Voranschreiten der Ressourcenausbeutung in Bergbau, Erdölförderung und exportorientierten Monokulturen hat tiefgreifende territoriale Auswirkungen. In vielen Fällen kündigen sich diese in der Ankunft von Arbeiter_innen und Techniker_innen mit ihren Ausrüstungsgegenständen in abgelegenen Gebieten an, wo erneut Enklavenökonomien geschaffen werden. Dies vollzieht sich innerhalb eines Prozesses der „Deterritorialisierung", der dadurch gleichzeitig verstärkt wird. Dabei gelingt es dem Staat nicht, in seinem gesamten Gebiet angemessen und einheitlich Präsenz zu zeigen, etwa bei der Gewährleistung der Bürgerrechte oder öffentlicher Dienstleistungen, während er gleichzeitig aktiv die extraktiven Enklaven fördert und verteidigt.

Solche Enklaven führen zu den verschiedenartigsten territorialen, sozialen und ökologischen Spannungen – von Gewaltproblemen bis zu Folgen für die Umwelt aufgrund der Kontamination. Zudem sind für solche Projekte Verkehrswege erforderlich (wie z.B. das südamerikanische Straßenbau- und Wasserwege-Programm IIRSA), außerdem unterstützende Infrastrukturprojekte (etwa große Wasserkraftwerke an den Flüssen im Amazonasgebiet), die weitere Nachteile nach sich ziehen.

Innerhalb des neuen Extraktivismus wird die territoriale Fragmentierung in deterritorialisierten Gebieten also fortgesetzt und sogar noch verstärkt; es entsteht ein Geflecht von Enklaven und ihren Verbindungen zu den globalen Märkten, wodurch die territorialen Spannungen noch verstärkt werden.

Die Raumordnung des Neo-Extraktivismus passt sich an diese Projekte an. Ein Beispiel dafür ist die allmähliche Aufgabe von Agrarreformen unter der Regierung Lula da Silva, die durch die Eigentumsverteilung von Grundstücken außerhalb des Landbesitzes der Agrarindustrie ersetzt wurden, und die nur dort aufrecht erhalten werden, wo sie den Agrarbetrieben „nutzen" (de Oliveira 2009).

Eigentum und Produktionsprozesse

Im alten Extraktivismus wurde um das Eigentum an den Ressourcen gestritten. Die früheren Regierungen gaben ihr Eigentum ab oder schufen Abtretungs- und Zugangsrechte für Ressourcen, etwa im Bergbau und der Erdölförderung, die in der Praxis einer Übereignung gleichkamen. Dies hatte eine starke Transnationalisierung der extraktiven Bereiche zur Folge, und eine immer geringere Bedeutung für staatliche Unternehmen.

Im Neo-Extraktivismus nimmt, wie bereits beschrieben, der Staat eine größere Rolle ein, weshalb die Kontrollen über den Zugang zu Ressourcen verstärkt werden. Fast immer wird darauf bestanden, dass diese sich in Staatseigentum befinden. Gleichzeitig wurden Staatsbetriebe wieder ins Leben gerufen,wie im Fall der Stärkung des staatlichen Erdölunternehmens YPFB in Bolivien oder neu geschaffen. Es gibt mehr Vielfalt, es existieren, kooperative, gemischte und private Eigentumsformen.

Trotzdem streben die Staaten oder staatlichen Unternehmen wirtschaftlichen Erfolg an, und wiederholen daher unternehmerische Strategien, die auf Konkurrenzfähigkeit, Kostenreduktion und Rentabilitätssteigerung basieren. So ähnelt die Tätigkeit von Staatsbetrieben (wie PDVSA in Venezuela), gemischten Unternehmen (wie Petrobrás in Brasilien) oder Privatfirmen (wie Repsol YPF in Argentinien) immer mehr den bekannten Praktiken der alten transnationalen Unternehmen, wie Exxon oder BP.

Daher ist es besonders wichtig, sich einzugestehen, dass unter den progressiven Regierungen, abgesehen vom Eigentum an den Ressourcen, die Regeln und Funktionsweisen von Produktionsprozessen reproduziert werden, die nach Konkurrenzfähigkeit und Rentabilitätssteigerung nach klassischen Effizienzkriterien streben, wozu auch die Externalisierung von sozialen und ökologischen Folgen gehört. Selbst dort, wo die staatliche Präsenz verstärkt wird, wird diese dazu genutzt, mit Privatunternehmen Verträge über Zusammenschlüsse, Gesellschaften oder Joint Ventures abzuschließen. Das soziale und ökologische Auftreten der staatlichen Erdölunternehmen ist mangelhaft und sehr kritikwürdig; gute Beispiele dafür sind das Agieren von Petrobrás in den Andenländern oder der uruguayische staatliche Erdölbetrieb ANCAP.

Daraus ergeben sich weitreichende Schlussfolgerungen. Eine der wichtigsten ist, dass, neben der Debatte über das Eigentum an den Ressourcen und Produktionsmitteln, eine viel tiefer gehende Diskussion über Struktur und

Dynamik von Produktionsprozessen angestoßen werden muss, sowohl wenn diese durch den Staat als auch durch andere Akteure gesteuert werden. Die Produktionsprozesse sind folgenreich sowohl für die soziale und ökologische Situation als auch für die Handels- und Wirtschaftsbeziehungen.

Sozial-ökologische Folgen und zivilgesellschaftliche Konflikte

Die extraktivistischen Enklaven gerieten wegen ihrer weitreichenden sozialen und ökologischen Konsequenzen vielfach in die Kontroverse. Die negativen Auswirkungen reichen von der Verschärfung lokaler Ungleichheiten, über die Kontamination hin zum Verlust biologischer Vielfalt. Die in den letzten Jahren gesammelten empirischen Beweise sind vielfältig und überzeugend: Sie zeigen, dass die sozialen und ökologischen Auswirkungen üblicherweise externalisiert werden.

Eines der auffallendsten Probleme der neuen Regierungen ist, dass keine substantiellen Verbesserungen bei der Bekämpfung dieser negativen Effekte festzustellen sind; insbesondere bei der Umweltfrage könnte man behaupten, dass es in einigen Ländern Rückschritte gegeben hat. Die Auswirkungen bleiben also bestehen und haben sich in einigen Fällen sogar verschärft. Die Maßnahmen zu ihrer Eindämmung und Verhinderung sind nach wie vor ineffektiv, gelegentlich werden sie sogar abgebaut oder behindert.

Doch es gibt auch aktuelle Beispiele für Widerstand wie etwa die Proteste gegen den Bergbau in Ecuador, die indigenen Proteste gegen Wasserkraft-, Straßenbau- und Bergbauprojekte in Bolivien oder die Bürgerversammlungen gegen die Minen an den argentinischen Andenhängen.

Die Debatte um die sozialen, ökologischen und territorialen Folgen wird unter den progressiven Regierungen noch unschärfer. So reden Morales oder Mujica die ökologischen Folgen immer wieder klein oder machen sich über Umweltschützer_innen lustig. Nicht selten werden deren Warnrufe als Reflexe einer alten bürgerlichen Schicht oder im Dienste oppositioneller politischer Interessen verortet. Selbst in Chávez' Venezuela wurde verkündet, der Staat Zulia sei ein Gebiet, das „für Bergbau und Erdöl geopfert" (García-Gaudilla 2009) werde. Von einigen Regierungen werden Indigene und Bauern sogar bezichtigt, Entwicklung zu „verhindern" (Bebbington 2009).

Das erklärt, warum die sozialen Proteste gegen den Extraktivismus in allen Ländern mit progressiven Regierungen weiter bestehen. Selbst in Staaten, die angeblich Ruhe vor solchen Konflikten haben, wird bei aufmerksamer Betrachtung ein anderes Bild sichtbar. So stieg etwa in Brasilien während der ersten Amtszeit Lula da Silvas die Zahl der Landkonflikte signifikant an und befindet sich, trotz eines Rückgangs während seiner zweiten Amtszeit, weiterhin auf hohem Niveau (Bild 1). Dies ist zurückzuführen auf Faktoren wie schlechte Arbeitsbedingungen, Sklavenarbeit und Gewalt gegen Indigene, vor allem in der Amazonas-Region – oftmals in direkter Verbindung zum Neo-Extraktivismus. Die vorübergehende Verringerung der Konflikte wurde durch ökonomische Entschädigung, strafrechtliche Verfolgung der Proteste und Schwächung von Sozial- und Umweltbestimmungen erreicht.

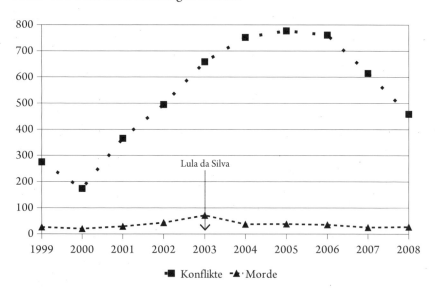

Bild 1. Auftreten von Konflikten und Morden im ländlichen Raum in Brasilien. Der Beginn der Amtszeit Lula da Silvas (1.1.2003) ist gekennzeichnet. Grafik des Autors auf Grundlage von Daten der Comissão Pastoral da Terra in Brasilien.

Überschüsse und politische Legitimation

Während des klassischen Extraktivismus waren die Steuern, Förderabgaben oder Konzessionsgebühren gering, und somit die Abschöpfung von Überschüssen durch den Staat eingeschränkt, man vertraute auf einen gewissen Verteilungseffekt. Im Neo-Extraktivismus ist bei einigen Regierungen ein grundlegender Wandel zu beobachten: Der Staat schöpft viel aktiver Überschüsse ab. Das zeigt sich in ganz verschiedenen Maßnahmen, etwa an den teilweise deutlich höheren Förderabgaben, einer höheren Besteuerung oder gar der direkten Rohstoffförderung durch Staatsbetriebe.

Dies ist vermutlich eines der wichtigsten Unterscheidungsmerkmale zum alten Extraktivismus, insbesondere in Bolivien, Ecuador und Venezuela. Seine Konsequenzen gehen weit über den Wirtschaftsbereich hinaus, da mindestens zwei Aspekte berührt werden: Einerseits wird die aktivere Rolle des Staats deutlich, die den Regierungen mehr Möglichkeiten und Instrumente bietet, einen Teil des durch die extraktiven Industrien generierten Reichtums abzuschöpfen. Andererseits nutzen die progressiven Regierungen diese Einkünfte für verschiedene Zwecke, von denen die Finanzierung von Sozialprogrammen heraussticht, die oftmals den ärmsten Bevölkerungsschichten zugute kommen (wie *Bolsa Familia* in Brasilien, *Juancito Pinto* in Bolivien oder das *Programa Familias* in Argentinien). Dadurch entsteht eine ganz besondere Situation: Fördertätigkeiten im Bergbau oder der Erdölindustrie werden mit der Finanzierung von staatlichen Fürsorgeleistungen verknüpft. Teilweise geschieht das direkt, wie bei der Direktsteuer auf Kohlenwasserstoffe IDH in Brasilien, in anderen Fällen vermittelt durch die staatlichen Institutionen der sozialen Fürsorge.

Es gibt also eine besondere Verbindung, bei der der Staat die aus dem Extraktivismus stammenden Überschüsse abzuschöpfen sucht und einen Teil davon für Sozialprogramme verwendet. Dadurch wird soziale Legitimität erreicht, die wiederum dazu benutzt werden kann, extraktive Tätigkeiten zu rechtfertigen. In anderen Worten: Obwohl man sagen könnte, dass diese Regierungen sich von der klassischen Linken durch ihre Unterstützung des konventionellen Extraktivismus entfernen, kehren sie durch die Sozialprogramme zu ihr zurück und können sich als progressiv ausweisen. Die sozialen Maßnahmen erfordern jedoch eine steigende Finanzierung, weshalb die betreffenden Regierungen wiederum vom Extraktivismus abhängig sind, um finanzielle Ressourcen abschöpfen zu können.

Durch die Sozialprogramme, die Beteiligung des Staats und andere Maßnahmen gelingt es den Regierungen, ihre Wählerbasis zu behalten; gleichzeitig werden lokale gesellschaftliche Forderungen abgeschwächt. Beispielsweise lässt sich in Brasilien beobachten, dass, obwohl die Regierung Lula die Agrarreform nicht weiter vorantrieb und kein Land mehr an Siedler_innen und Landlose vergab, die Anzahl der in sozialen und Landlosenbewegungen organisierten Menschen abnahm. Dieser „Rückgang der Massenbewegungen und der Fluss von Regierungsgeldern in kompensatorische Maßnahmen (Hilfspakete aller Art) beschwichtigt Jene, die in den letzten 30 Jahren vehement für die Agrarreform gekämpft haben. Alles deutet darauf hin, dass sich die beiden Prozesse bedingen" (de Oliveira 2009).

In Bolivien und Ecuador geschieht etwas Ähnliches: Hier bildet ein Gutscheinsystem ein wichtiges Instrument zur Armutsreduktion (was gut ist), es wird allerdings auch dazu benutzt, den Extraktivismus zu verteidigen und zivilgesellschaftliche Warnrufe und Proteste zurückzuweisen (was schlecht ist). Der Stellenwert der finanziellen Kompensation hat dermaßen zugenommen, dass in einigen Gebieten gar nicht mehr über die Durchführbarkeit eines Projekts diskutiert wird, sondern nur noch über die Höhe der Entschädigungszahlung. Durch die Unternehmen wird dieser Prozess noch verstärkt, indem sie staatliche Aufgaben ersetzen und selbst Schulen oder Gesundheitsstationen finanzieren.

Die durch den Extraktivismus finanzierten Kompensationsmaßnahmen verschaffen den progressiven Regierungen so eine soziale Legitimation und erschweren die Diskussion über extraktivistische Projekte. Wer den Extraktivismus in Frage stellt, sei gegen den nationalen Fortschritt und könnte sogar die Finanzierung der Sozialprogramme gefährden, so die Argumentation.

Neo-Extraktivismus, Armut und Entwicklung

Zunächst soll hier daran erinnert werden, dass unter früheren Regierungen die progressiven und linken Kräfte kritisierten, der Extraktivismus trage zur Entstehung von Armut bei; Enklavenökonomien wurden als etwas Negatives betrachtet, weshalb nach Alternativen dazu gesucht wurde. Durch die progressiven Regierungen wird jedoch allmählich ein neuer Diskurs verankert, in dem der Extraktivismus nun als notwendig für die Bekämpfung der Armut dargestellt wird. Es ist zu einer Umkehrung der früheren Position gekommen: Was ehemals Widerspruch hervorrief, wird heute als etwas Positives angesehen, das notwendig für die Entwicklung sei.

Es wird verkündet, am Ende werde die Bilanz schon positiv sein. Gelegentlich wird sogar eingeräumt, es könne negative soziale und ökologische Auswirkungen geben, doch sofort wird dagegen gehalten, diese seien handhab- und ausgleichbar oder müssten letztlich akzeptiert werden, angesichts des Gesamtnutzens für das ganze Land. Gleichzeitig werden die Lagerstätten von Erzen und Erdöl sowie die Fruchtbarkeit der Böden als Reichtümer betrachtet, die nicht „verschwendet" werden dürften. Es entsteht ein Bild von Notwendigkeit und Dringlichkeit.

Ein gutes Beispiel für diese Verteidigungshaltung lieferte Präsident Correa in Ecuador. „Wir werden von dem Bergbaugesetz nicht abrücken, weil die verantwortungsvolle Entwicklung des Bergbaus für den Fortschritt des Landes grundlegend ist. Wir können nicht wie Bettler auf einem Sack voller Gold sitzen", äußerte er am 15. Januar 2009. So stellen die progressiven Regierungen das aktuelle Entwicklungsmodell als unabdingbar, wenngleich verbesserungs- und anpassungsfähig, dar; die Reichtümer dürften nicht vergeudet werden. Und sie gehen noch einen Schritt weiter: Sie präsentieren sich selbst so, als ob nur sie diese Aufgabe effizient gestalten und eine angemessene Verteilung des dadurch generierten Wohlstands sichern könnten.

Es lässt sich also eine grundlegende Veränderung beobachten: Der Extraktivismus wird heute als wichtiger Motor für das Wirtschaftswachstum betrachtet und als entscheidender Beitrag im nationalen Kampf gegen die Armut. Man geht davon aus, ein Teil dieses Wachstums komme der übrigen Gesellschaft zugute, gleichzeitig gebe es nun einen aktiveren Staat, der diesen Effekt in Gang bringen, verwalten und steuern müsse.

Problematisch an dieser Position ist unter anderem, dass die reduktionistische Gleichsetzung von Wirtschaftswachstum und Entwicklung unhinterfragt bleibt, und folglich – zumindest bis heute – auch keine alternativen Vorstellungen von Entwicklung entstehen. Obwohl die Debatten über das „gute Leben" in Bolivien und Ecuador dieses Potential besitzen, scheinen die Regierungen und andere gesellschaftliche Akteure dazu einen eher instrumentellen Bezug zu haben. Im Fall Boliviens ist die Situation sogar noch angespannter, da einige Artikel der neuen Verfassung überraschenderweise die „Industrialisierung" der natürlichen Ressourcen als staatliches Ziel benennen.

Das führt dazu, dass der Extraktivismus als Teil der durch die progressiven Regierungen ermöglichten Entwicklung angesehen und sogar als notwendig und dringlich wahrgenommen wird. Viele der alten Tricks der Bergbau- und Erdölunternehmen, die vor Jahren „Fortschritt", „Arbeit" und „Wohlstand" für

das Land und die lokalen Gemeinschaften verheißen, erscheinen heute in neu-
em Gewand, in neuer Gewichtung und mit größerer staatlicher Beteiligung.
Auch hier lässt sich das Beispiel Brasilien anführen: Die Bergbauunternehmen
profitieren von der „Kameraderie und Unterwürfigkeit des Staats und den pre-
kären Lebensbedingungen der Bevölkerung in den Gemeinden, wo sie tätig
werden" und greifen den Diskurs über die „Ankunft von Entwicklung und
Fortschritt" auf. Dank der Hilfe lokaler und regionaler Politiker_innen bekommen sie günstige Bedingungen für ihre Ansiedlung und Tätigkeit, so die
Comissão Pastoral da Terra in Brasilien (Reis Pereira et al. 2009).

Diese und andere Beispiele verdeutlichen, dass der Neo-Extraktivismus die
Entwicklungsdiskurse rekonfiguriert: Die lokalen Gemeinschaften sollen die
Lasten der Auswirkungen als Opfer für angeblich nationale Ziele akzeptieren.
Im Gegenzug wird ihnen eine Reihe an Kompensationsmaßnahmen angebo-
ten, von klassischen Programmen der sozialen Fürsorge bis hin zur „Teilhabe"
an den Unternehmen.

Diese Angebote sind stark ausdifferenziert, weswegen es den Befürworter_
innen des Extraktivismus leicht fällt, Kritik als gegen die nationale Entwicklung oder den Fortschritt gerichtet darzustellen, sie als infantil und verträumt
oder sogar als gefährlich zu bezeichnen. Solche Begriffe wurden bereits von
Correa, Morales und Lula da Silva angeführt. So kritisierte Präsident Morales
beispielsweise im Juli 2009 gegen Erdöl- und Bergbaubetriebe protestierende
Indigenen- und Bauernorganisationen, indem er fragte: „Wovon soll Bolivien
denn leben, wenn einige NGOs keine Erdölförderung im Amazonasgebiet
wollen?" (Econoticias Bolivia: 14. Juli 2009).

Neo-Extraktivismus als Fortschrittsglaube

Die Argumentation dieses Beitrags legt den Schluss nahe, dass der Neo-Extraktivismus zum Bestandteil einer aktuellen südamerikanischen Version des
Strukturalismus geworden ist. Dieses neue Phänomen trägt verschiedene Bezeichnungen, etwa „neuer Strukturalismus" in Brasilien oder „nationale popu-
läre Entwicklung" in Argentinien; einige seiner Merkmale werden sogar von
Unterstützer_innen des sogenannten Sozialismus des 21. Jahrhunderts befürwortet (siehe auch Gudynas 2011a).

Es ist klar, dass angesichts der aktuellen Erfahrungen auf anderen Konti-
nenten, vor allem in Europa, die Situation in Südamerika (Ablehnung von

Marktanpassungen, Ende der IWF-Abhängigkeit, Initiierung eines neuen Strukturalismus mit staatlicher Präsenz) viele Sympathisant_innen hat und eine Vorbildwirkung einnimmt. Doch auch wenn diese positiven Aspekte anerkannt werden müssen, sollten ebenso die schwerwiegenden Widersprüche und Spannungen zur Kenntnis genommen werden, die in diesem Beitrag zum Ausdruck gekommen sind.

Tatsächlich wird durch die Darstellung des neuen Extraktivismus als Entwicklungsmotor deutlich, dass die progressiven Ansätze Südamerikas sich erneut auf die klassischen Fortschrittskonzepte stützen. Die Grundpfeiler der Moderne bleiben bestehen, obwohl sie anders benutzt werden. Es herrscht immer noch der Glaube an ein wirtschaftliches Wachstum, vermittelt durch Wissenschaft und Technik und gespeist aus den Reichtümern der Natur Südamerikas.

Die Neue Linke hat diese Ideen übernommen und betrachtet den Kontinent als Füllhorn natürlicher Ressourcen, die man auszubeuten habe – so bald wie möglich und mit aller Kraft. Die Regierungslinke hat das Konzept vor dem Hintergrund verschiedener Erfahrungen rekonfiguriert: Dazu gehören die Vorgeschichte ihrer eigenen politischen Kämpfe, die Folgen des Zusammenbruchs des Realsozialismus, die Forderungen der unteren Bevölkerungsschichten und der indigenen Völker sowie die Nachwirkungen neoliberaler Reformen. Man kann sozusagen von einer neuen Mischung sprechen, die sowohl alte als auch neue Zutaten enthält. Dadurch erklärt sich, warum der alte und der neue Extraktivismus bestimmte Gemeinsamkeiten besitzen, die Gewichtungen sich jedoch verschoben haben, gleichzeitig beide aber auch bestimmte Eigenheiten aufweisen. Auch einige Übereinstimmungen des Extraktivismus von so unterschiedlichen Regierungen wie der von Rafael Correa in Ecuador und der von Alan García in Peru werden dadurch klarer.

Die südamerikanische Linke sagt sich nicht von dem klassischen Hang zu ökonomischem Wachstum auf der Grundlage der Aneignung der natürlichen Ressourcen los. In ihrer neuen Programmatik nimmt der Extraktivismus eine wichtige Rolle ein. Er wird nicht abgelehnt, sondern soll noch intensiviert werden, damit er als einer der Motoren für das Wirtschaftswachstum, ja für die finanzielle Absicherung des Staates, funktionieren kann – auch wenn er einer Lenkung bedarf. Während der alte Extraktivismus mit dem Ungleichgewicht der Tauschbedingungen zu kämpfen hatte, wird im Neo-Extraktivismus da-

von ausgegangen, die hohen Weltmarktpreise seien eine Gelegenheit, die man
nicht verpassen dürfe.

Das erklärt die Ablehnung und Ignoranz der progressiven Regierungen gegenüber den Argumenten von Indigenen und Umweltschützer_innen.

Die Ausbeutung der natürlichen Ressourcen wird nicht in Frage gestellt, nur
ihre Kontrolle durch die Privaten oder das Ausland. Sobald die Regierungen
jedoch die staatliche Kontrolle der Ressourcen übernehmen, reproduzieren
sie dieselben Produktionsprozesse, wollen ihre Profite maximieren, treten in
ganz ähnliche Machtbeziehungen ein und verursachen dieselben sozialen und
ökologischen Probleme.

Einige vorläufige Schlussfolgerungen

In diesem Beitrag wurden verschiedene Gedanken und Argumente dargelegt,
die das Fortbestehen des Extraktivismus in Südamerika zu erklären suchen. Die
zentrale Auffassung ist, dass dieser nicht mehr mit jenem früherer Jahrzehnte
identisch ist, sondern dass unter den progressiven Regierungen ein neuer Extraktivismus entstanden ist. Bei dessen Beschreibung lassen sich alte und neue
Bestandteile ausmachen, er stellt jedoch ein neues Phänomen dar, mit neuen
Merkmalen, wie einer stärkeren Rolle des Staates sowie neuen Quellen sozialer und politischer Legitimation.

Die Erkenntnis über die eigene Identität des progressiven Extraktivismus-
Modells bedarf einer genauen und umsichtigen Betrachtung. Es ist wichtig,
zu verstehen, dass der Neo-Extraktivismus keine neoliberale Strategie ist, die
denen früherer Jahrzehnte ähnelt. Genauso wenig darf er jedoch als vielver-
sprechende Alternative interpretiert werden, die automatisch zu einer Verbesserung der Lebensqualität und zivilgesellschaftlicher Unabhängigkeit führt. Es
ist offensichtlich, dass die Politik der aktuellen progressiven Regierungen in
vielen Fällen substantielle Verbesserungen im Vergleich zu den konservativen
Regierungen mit sich bringt. Es zeigen sich jedoch weiterhin Einschränkungen, Widerstände und Brüche, weshalb die heutige südamerikanische Linke
nicht an den alten Maßstäben gemessen werden kann.

Die Auswirkungen des Neo-Extraktivismus nicht in den Blick zu nehmen
oder Erkenntnisse aus Gründen der Parteilichkeit unter den Teppich zu kehren, ist ein Irrweg, vor allem in akademischen Zusammenhängen und innerhalb
der sozialen Bewegungen. Die Verschwommenheit der Situation auszunutzen,

um auf hinterhältige Weise jedwede Handlung der regierenden Linken abzulehnen, ist ebenfalls verfehlt.

Zusammenfassend lässt sich sagen, dass der Neo-Extraktivismus eines der größten Spannungsfelder bei der Schaffung von Alternativen zum bestehenden Entwicklungsmodell und in besonderem Maße auch für die Erneuerung der Linken darstellt (Gudynas 2011b). In mehreren Staaten stößt das Beharren auf Bergbau- und Erdölprojekten schon jetzt auf starken gesellschaftlichen Widerstand, da die negativen sozialen und ökologischen Folgen spürbar sind. Der wirtschaftliche Erfolg dieses Weges ist zudem stark von globalen Bedingungen abhängig, vor allem vom Rohstoffhunger Asiens. Überdies darf sich der Gerechtigkeitsbegriff nicht nur auf monatliche Zahlungen an die Ärmsten beschränken – auch die Forderungen von Indigenen und Umweltschützer_innen müssen gehört werden. Aus all diesen Gründen ist es notwendig, die Grundfragen von Entwicklung und sozialer Gerechtigkeit zu überdenken, und davon ausgehend auch die Beziehungen zu den sozialen Bewegungen. Angesichts der Herausforderungen der Entwicklung wird diese Auseinandersetzung in Südamerika immer drängender.

Literatur

Bebbington, A. (2009): „The new extraction: rewriting the political ecology of the Andes?“; In: *NACLA Report on the Americas*, 42(5), S. 12-20.

CEPAL (2010): *Anuario estadístico de América Latina y el Caribe*, 2010; Santiago de Chile: CEPAL.

de Oliveira, A.U. (2009): *O governo Lula assumiu a contra reforma agrária: a violência do agrobanditismo continua*; Comissão Pastoral da Terra, Secretaria Nacional (www.cptnac.com.br).

Dos Reis Pereira, A.; J.B. Gonçalves Afonso & R. Gomes Cruz Neto [Hg.] (2009): *A exploração minerária e suas conseqüências na Amazônia brasileira. Conflitos no Campo Brasil*; Comissão Pastoral da Terra, Secretaria Nacional.

García-Gaudilla, M.P. (2009): „Ecosocialismo del siglo XXI y modelo de desarrollo bolivariano: los mitos de la sustentabilidad ambiental y de la democracia participativa en Venezuela"; In: *Revista Venezolana Economía y Ciencias Sociales*, 15(1), S. 187-223.

Gudynas, E. (2011a): „Die Linke und die Ausbeutung der Natur"; In: *Luxemburg*, 2011, Nr. 1, S. 114-123.

Gudynas, E. (2011b): „Die Grenzen des Fortschritts und die Erneuerung der progressiven Bewegungen. Linke und Politische Ökologie in Südamerika"; In: *Emanzipation*, 1 (1), S. 34-50.

Gutman, N. (2007): „La conquista del Lejano Oeste"; In: *Le Monde Diplomatique*, Buenos Aires, 8(95), S. 12-14.

IBRAM (2009): *Informações e análises da economia mineral brasileira*; Brasília: IBRAM.

USGS (2008): *2006 Minerals Yearbook. Latin America and Canada*; US Geological Service, US Department of the Interior.

Anmerkung

Der Beitrag wurde aus dem Spanischen übersetzt.

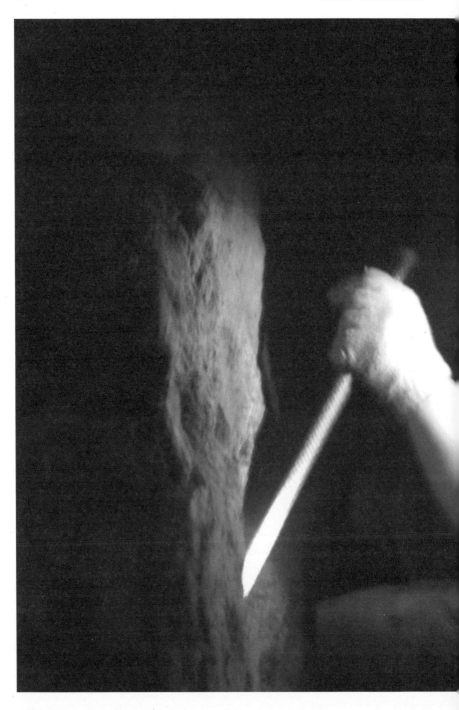

Soja-Expansion und Agrarstreik

Anmerkungen zu den Vorkommnissen der Jahre 2008 und 2009 in Argentinien

Norma Giarracca und Tomás Palmisano

Von März bis Juli 2008 trugen die Regierung von Cristina Fernández de Kirchner und die in der Mesa de Enlace Agropecuaria[1] organisierten landwirtschaftlichen Interessenvertretungen einen Konflikt aus, der politisch, wirtschaftlich und gesellschaftlich von außerordentlicher Bedeutung war. Es gibt zahlreiche Details dieses Konflikts, die von den vielfältigen beteiligten Akteuren verschwiegen oder uminterpretiert wurden. Alle Beteiligten interpretierten ihn auf ihre eigene Weise: Von den Landwirt_innen bis hin zu den Intellektuellen, sowohl diejenigen, die der Regierung kritisch gegenüber standen, als auch jene, die mit ihr auf einer Linie lagen und vor allem in dem Zusammenschluss Carta Abierta[2] organisiert waren.

Unser Ansatz ist, den Agrarstreik im Rahmen eines landwirtschaftlichen Akkumulationsmodells zu betrachten, das sich derzeit in einem Großteil der argentinischen Landwirtschaft ausweitet und konsolidiert: das Soja-Modell. Innerhalb dessen gewinnt der Finanzsektor offensichtlich immer mehr an Be-

---

[1] Die *Mesa de Enlace Agropecuaria* wurde im März 2008 als Zusammenschluss der vier großen argentinischen Verbände des Agrobusiness gegründet. Mitglieder sind die *Confederación Intercooperativa Agropecuaria (ConInAgro)*, die *Confederaciones Rurales Argentinas (CRA)*, die *Federación Agraria Argentina (FAA)* und die *Sociedad Rural Argentina (SRA)* [Anm. d. Hrsg.].

[2] Carta Abierta ist ein ebenfalls im März 2008 gegründeter Zusammenschluss von Intellektuellen, die die Regierung von Férnandez de Kirchner unterstützten [Anm. d. Hrsg.].

deutung, er nimmt eine zentrale Stellung ein und seine Hochs und Tiefs wirken sich auf die Struktur des Agrarsektors aus. Daher erscheint es uns sinnvoll, mit einer gründlichen Analyse der nationalen und internationalen finanzwirtschaftlichen Umstände – sowohl während des Ausbrechens des Konflikts als auch in aktuellen krisenhaften Situationen – mögliche Deutungen des Agrarstreiks, seines Ablaufs und der aktuellen Lage zu liefern.

Nachdem wir im ersten Teil des vorliegenden Beitrags diese institutionelle Makroebene umreißen, ist es uns wichtig, zu verdeutlichen, dass die Akteure jedoch nicht vollständig durch diese konditioniert sind, sondern dass ihre Wahrnehmungen und Handlungsentscheidungen ebenfalls Auswirkungen auf den Kontext haben. Die Konstruktion einer bestimmten Realität erlaubt ihnen, eine Auswahl zwischen den vielfältigen ihnen zur Verfügung stehenden Optionen zu treffen, wodurch einige umstandsbedingte Handlungen grundlegend für die Festlegung von Schnittlinien des Konflikts werden. Wir glauben daher, dass eine Rekonstruktion der Streitpunkte während des genannten Zeitraums für ein breites Verständnis des Konflikts unabdingbar ist. In diesem Sinne sind das Handeln der Mesa de Enlace (ME), die von der Regierung ergriffenen Maßnahmen sowie die Reaktionen der politischen Parteien und anderer gesellschaftlicher Gruppierungen zentral für dessen Verständnis.

Des Weiteren wollen wir eine Reflexion über die von uns benutzten Begriffe anstoßen, die zu dem Konflikt führenden finanzwirtschaftlichen Hintergründe darstellen, die Ereignisabfolge beschreiben und schließlich die aktuelle Situation im Kontext der globalen Krise kommentieren.

Konzeptualisierung des Konflikts

Zunächst fassen wir die Konflikte in der ersten Hälfte des Jahres 2008 unter dem Begriff „Agrarstreik" und verzichten auf den überflüssigen Anglizismus des „*Lock-out*" (Aussperrung).

Während des gesamten 20. Jahrhunderts existierte diese Form der Proteste der Landwirte, die nach der Rückkehr zur Demokratie 1983 sogar noch häufiger auftrat (siehe Giarracca/Teubal/Palmisano 2008). Es handelte sich um kurze „Agrarstreiks", die entweder zu einer Einigung zwischen den Landwirtschaftsvereinigungen mit den zuständigen Behörden führten oder, bei einer nicht vollkommen zufriedenstellenden Lösung, wieder ausbrachen. Erst bei dem Streik im Jahr 2008 dauerten die Proteste über einen derart langen Zeitraum an, ohne dass es zu einer Einigung mit den zuständigen staatlichen Stellen gekommen wäre. Eigentlich war das Verhältnis zwischen Regierung und Agrobusiness bis dahin gut und von einer gewissen wirtschaftlichen „Teilhabe" geprägt gewesen, als die man die Besteuerung landwirtschaftlicher Produkte in den vorherigen Jahren, unter der Regierung von Néstor Kirchner, charakterisieren könnte. Dennoch scheiterte eine Einigung mit der Regierung und am 25. März hielt die Präsidentin eine politisch bedeutsame Rede, mit dem Ziel, den Konflikt öffentlich zu machen. Eine der Strategien, mit denen die Regierung versuchte, die Forderungen des Agrarsektors zu delegitimieren, war die Formulierung *Lock-out*, mit der suggeriert wurde, es gehe um gut verdienende Grundbesitzer_innen, die sich „unsolidarisch" gegenüber der Gesellschaft verhielten. Verschiedene „regierungstreue" Medien, Journalist_innen und Intellektuelle griffen diese rhetorische Figur auf, um die von der Exekutive vorgegebene binäre Sichtweise zu untermauern: Landwirtschaft (unternehmerisch, oligarchisch, etc.) versus Regierung (fortschrittlich, umverteilend, etc.).

So wie wir hier die historische Bezeichnung „Agrarstreik" verwenden (im Gegensatz zu der des *Lock-out*), müssen wir auch deutlich machen, auf welche Maßnahmen die Landwirt_innen eigentlich abzielten: Es handelte sich dabei um korporative Maßnahmen (es ging nur um ein Segment innerhalb des Agrarsektors, der sich damit angeblich selber schadete), die stark politisch aufgeladen war und die von politischen Parteien und verschiedenen gesellschaftlichen Gruppen begleitet wurden, keinesfalls jedoch von einer „agrarischen sozialen Bewegung", wovon einige Mitte-Links-Parteien sprachen.

Zum dritten wollen wir die Legitimität des Regierungshandelns deutlich machen. Der argentinische Staat hat laut Verfassung das Recht, für Exporte Abgaben festzusetzen. Dieses Recht – Argentinien ist seit jeher ein Exporteur von Rohstoffen – basiert auf den Überschüssen, die durch die Ausbeutung natürlicher Ressourcen, etwa Land, Wasser, Erdöl, Erz, etc., erwirtschaftet werden. Durch die „*retenciones*" (Exportsteuern) schöpft der Staat diesen in der politischen Ökonomie als „Rente" bezeichneten Überschuss ab, der mit dem Ansteigen der internationalen Preise ebenfalls wächst. Die Rente entspringt dem Wesen des wichtigsten Produktionsmittels der Landwirtschaft: dem Boden. Im Kapitalismus wird diese Ressource wie eine Ware behandelt, obwohl sie in Wirklichkeit kein Produkt menschlicher Arbeit ist, sondern ein Gemeingut, das aus historischen Gründen in Privateigentum überging.[3] Die argentinische Verfassung spricht von der „sozialen Aufgabe des Bodens", was vielfältig interpretiert wurde. Eine der konservativsten Interpretationen, die in Argentinien immer vorherrschte, ist die, dass die Produkte der Erde dem Gemeinwohl zu Gute zu kommen haben. Deshalb ist in der Verfassung festgelegt, dass der Prozentsatz der Steuern durch die Gemeinschaft, vertreten durch den Kongress, festgelegt wird. Die von der ME und den politischen Parteien angeführten Beispiele, mit denen der bis zu 50 Prozent betragende flexible Prozentsatz kritisiert wurde, bezogen sich meist auf Regelungen für bestimmte Fälle (z.B. Erbschaftssteuer). Auf Tabakprodukte sind bis zu 85 Prozent direkte und indirekte Steuern zu entrichten, und das nicht nur in Argentinien, sondern auch in Ländern wie Schweden, Frankreich oder Deutschland. In jedem unabhängigen Land werden die Steuersätze auf solider und konsensualer Grundlage in den entsprechenden Gremien festgesetzt.

Der Präsidentenbeschluss 125

Seit einigen Jahrzehnten ist aufgrund einer ständig wachsenden Nachfrage weltweit ein Anstieg der Preise für Agrarprodukte zu verzeichnen. Dieser Effekt wird von den meisten Analyst_innen auf einen gestiegenen Verbrauch in bevölkerungsreichen Ländern wie Indien und China[4]; auf diverse Umweltkatastrophen; auf den weiterhin steigenden Erdölbedarf, der sich nicht nur auf die Betriebsstoffe auswirkt, sondern auch den Druck auf die Nutzung landwirtschaftlicher Flächen für die Produktion von Biodiesel verstärkt; auf die argentinische Binnenmarktexpansion aufgrund der wirtschaftlichen Entwicklung der letzten Jahre, etc. zurückgeführt. Während die letzten beiden Erklärungsversuche einen gewissen Realitätsbezug aufweisen, wird ein gewichtiger Grund der steigenden Rohstoffpreise systematisch außen vor gelassen: das permanente Vordringen der Finanzmarktlogik in den Agrarsektor. „Die (schwindelerregende und sich potenzierende) Entwicklung des Future-Handels ist nichts und

---

[3] Es existieren zahlreiche historische und aktuelle Studien zur Erwirtschaftung von Renten (Differentialrenten und absolute Renten) bei der Produktion in der argentinischen Pampa, von denen vor allem Flichman 1977, Arceo 2003 und Teubal 1975 hervorzuheben sind.

[4] In Bezug auf China wird davon ausgegangen, dass der steigende Konsum eine Folge der allmählichen Einführung kapitalistischer Spielregeln ist.

kann nichts anderes sein als Preistreiberei. Denn allein der Gedanke an eine zukünftige Transaktion ist spekulativ" (Sabini Fernández 2008:15). Abgesehen von den verschiedenen Schwankungen des Finanzsystems, hat der Preis für bestimmte Getreide und Ölfrüchte auf dem Weltmarkt zu einer Expansion ihres Anbaus geführt. Dadurch wurden nicht nur traditionelle Anbaukulturen verdrängt, sondern auch der landwirtschaftliche Anbau auf unberührte Wälder, Regenwälder und Yungas ausgedehnt. Es lässt sich eine Reprimarisierung der Ökonomie feststellen, bei der der Handelsbilanzüberschuss des Landes durch den Export von Gen-Soja aufrecht erhalten wird, wodurch die Zahlungen an verschiedene externe Gläubiger sowie die Bedienung der lokalen und internationalen Finanzinteressen gewährleistet werden (Giarraca/Teubal 2005).

Im Rahmen dieses von der finanzwirtschaftlichen Bewertung abhängigen Akkumulationsmodells, lässt sich das Auftauchen neuer Akteure nicht nur in der Produktion feststellen, sondern auch im Handel und der Spekulation. Wenngleich die Figur des Großgrundbesitzers als Nutznießer dieses Systems bestehen bleibt, ist dieser nicht mehr der hegemoniale Akteur und auch nicht mehr der am meisten begünstigte. Zu den neuesten und von dem System am meisten profitierenden Akteuren gehören die bekannten Saatgut-Pools und -konzerne sowie Investmentfonds. Mit der Verdrängung der Familienproduktion geht eine offenkundige Ausbreitung von Unternehmen einher, die mit großen, durch Sonderverträge abgesicherten Volumina umgehen und auf kurzfristige Profite aus sind. Ihre Größe und Form kann sehr variieren, und hängt vom Besitz oder Nichtbesitz an Ländereien, der Ausdehnung der Anbauflächen, den vorhandenen Mitteln etc. ab. Gleichzeitig bildet sich allmählich eine Schicht von kleinen Grundbesitzer_innen heraus, die ihr Land angesichts der Unmöglichkeit, mit der Größe und der Technologie der großen Konzerne mitzuhalten, verpachten. Zu diesen neuen Akteur_innen innerhalb der Produktionssphäre gesellen sich noch die Exporteur_innen und die großen Lebensmittelkonzerne, deren Stellenwert innerhalb der Wertschöpfungskette von Tag zu Tag zunimmt. Dazu gehören vor allem die Zulieferer von Saatgut und Betriebsstoffen, die verarbeitende Industrie, Supermärkte, etc. (siehe Teubal/Rodríguez 2002). Des Weiteren ist die Produktionsform dieses Modells eng mit der Verwendung eines speziellen Technologiepakets verknüpft, weshalb bestimmte mit seiner Weiterentwicklung und Modernisierung befasste Verbände zunehmend an Einfluss gewinnen[5] und zu den traditionellen Landwirtschaftsvereinigungen, wie ConInAgro, CRA, FAA und SRA, hinzukommen.

Das Zusammentreffen der weiter oben skizzierten finanzwirtschaftlichen Faktoren mit bestimmten konjunkturellen Bedingungen führte dazu, dass in Chicago[6] Anfang März 2008 der Preis für die Tonne Soja 550 US-Dollar erreichte, die Tonne Mais 215 US-Dollar und die Tonne Weizen 410 US-Dollar. Diese Beträge bedeuteten einen enormen Preiszuwachs im Vergleich zu den Vormonaten und beruhten auf sehr positiven Erwartungen für die Ernte bestimmter Agrarprodukte, vor allem Soja und Mais. Das tendenzielle Ansteigen der Rohstoffpreise vollzieht sich dabei parallel zur Entwicklung einer Vielzahl sehr heterogener, über das ganze Territorium Argentiniens verstreuter Akteure.

Vor diesem Hintergrund verkündete am 11. März der damalige Wirtschaftsminister Martín Lousteau die Einführung eines durch die Exekutive dekretierten Systems flexibler Exportsteuern für Soja, Sonnenblumen, Mais und Weizen, um die bestehenden Prozentsätze anzupassen. Durch das Dekret 125 wurden für die kommenden vier Jahre flexible Steuersätze eingeführt, wobei die Quoten automatisch an die internationalen Schwankungen der Rohstoffpreise angepasst und täglich neu festgesetzt werden sollten. Angesichts der zu diesem Zeitpunkt geltenden Preise bedeutete dies einen Anstieg der Steuersätze für Soja von durchschnittlich 35 auf 44,1 Prozent und für Sonnenblumen von 32 auf 39,1 Prozent. Andererseits kam es für Weizen zu einem Absinken von 28 auf 27,2 Prozent und für Mais von 25 auf 24,2 Prozent. Die Maßnahme hatte auch Auswirkungen auf die übrigen Anbausorten und Nebenprodukte – stiegen sie im Kurs, stieg auch der einbehaltene Steuersatz und umgekehrt. Die Ankündigung der erhöhten Abgaben begründete der Minister unter anderem mit der Notwendigkeit, den Binnenmarkt vor dem weltweiten Anstieg der

---

[5] Unter diesen sind insbesondere die *Asociación Argentina de Productores de Siembra Directa (Aapresid)*, die *Asociación de Cámaras de Tecnología Agropecuaria (Acta)* und die *Asociación Argentina de Consorcios de Experimentación Agrícola (Acrea)* zu erwähnen, die einem jüngst veröffentlichten Bericht zufolge mehr als eine Milliarde US-Dollar jährlich umsetzen und ständig „Neuerungen" für die landwirtschaftliche Produktion entwickeln.

[6] Das „Chicago Board of Trade" ist die wichtigste Terminbörse für Rohstoffe; die dort zustande gekommenen Preise werden weltweit als Referenzpunkt genommen.

Lebensmittelpreise zu schützen, sowie mit den Nachteilen der „Soja-Expansion": ihrer Konkurrenz mit und der Verdrängung von traditionellen Produktionszweigen, wie der Fleisch- und Milchproduktion. Damit wurde eine Kette von Ereignissen angestoßen, die die öffentliche Meinung für Monate in Atem halten sollten.

Die beteiligten Konfliktparteien

Bei den gesellschaftlichen Interpretationen ist der Ausgangspunkt oder Referenzrahmen sehr wichtig, weshalb wir uns zunächst diesem Punkt zuwenden wollen. Wie oben bereits ausgeführt, sind die Aktionen korporativer Forderungen durch Agrarverbände nichts Neues; fast von Beginn ihres Bestehens an forderten sie, gemeinsam oder allein, eine für ihren Sektor günstige Politik. Auch in den ersten Monaten des Jahres 2008 ließen sich eine starke Annäherung und zahlreiche Forderungen von ConInAgro, CRA, FAA und SRA gegenüber Institutionen und den Medien beobachten, die um Produktionsfragen kreisen, etwa um den Preis für Fleisch und Milchprodukte. Mit Tiziano Treu lässt sich sagen, dass „das Mittel des Streiks oder seine Androhung dann einfach anzuwenden sind, wenn (wie in Schweden oder Deutschland) die Unternehmervereinigungen stark und zentralisiert sind, sowie bereit, gemeinsam Front zu machen" (Treu 2002: 1136). Das Zusammenkommen der wichtigen historischen Erfahrungen der Verbände und ihre konjunkturbedingte Nähe erklärt die schnelle Reaktion und Organisierung nach dem auslösenden Moment des Konflikts: der Verkündung des Dekrets Nr. 125. Zwar war die Geschlossenheit innerhalb der ME bereits vorhanden, sie gewann jedoch danach von Tag zu Tag an Stärke. Nicht ohne Grund schloss sich auch ein Großteil der „*chacareros*"[7] dem von der ME ausgerufenen Streik an. Am 12. März wurde ein Verkaufsstopp von Getreide verkündet, womit eine Spirale der Konfrontation mit der argentinischen Regierung ihren Anfang nahm. Aufgrund der beschriebenen Situation der gestiegenen Preise auf dem Weltmarkt standen

---

[7] Als „*chacareros*" werden in Argentinien umgangssprachlich jene produzierenden Familienbetriebe bezeichnet, die einer seit 1912 begründeten Tradition von Kämpfen und landwirtschaftlicher Produktion angehören, die durch den sogenannten *Grito de Alcorta* ausgelöst wurde. Der Schrei von Alcorta war eine Agrarrebellion, die ihren Ausgang in argentinischen Provinz Santa Fe hatte.

den Produzent_innen unmittelbare Auswirkungen bevor, denn der Verkauf der Sojaernte hatte noch nicht begonnen. Die Erhöhung des Steueranteils hatte einen Anstieg des Verkaufspreises von fast zehn Prozent zur Folge und ließ aufgrund der damaligen Aussichten ein weiteres Ansteigen erwarten. Im ersten Moment wurde diese indirekte Folge der Steuererhebung durch keinerlei Kompensationsmechanismus abgemildert, was insbesondere kleine und mittlere Produzent_innen traf. Bekanntermaßen sind die Kosten und die Sensibilität gegenüber jeder Veränderung der Gewinnspannen größer, je kleiner ein Produktionsbetrieb ist. Im Fall des Sojaanbaus spielt dieser Faktor eine entscheidende Rolle, da das dafür notwendige Technologiepaket einen bedeutenden Anteil an Betriebsstoffen enthält. Dennoch erschöpfte sich die Suche der Agrarverbände nach Hilfe nicht bei ihren traditionellen Unterstützer_innen, die sie als „Basis" bezeichneten und die im Laufe des Konflikts eigene Wege als „Selbstorganisierte" gehen sollten, sondern sie versuchten, die Unterstützung und die Legitimität der Proteste zu verbreitern, indem sie vom „allgemeinen Interesse" an der Landwirtschaft sprachen. Dadurch erreichten sie, dass auch andere Forderungen und Akteure in den seit seinem Beginn sektorspezifischen Konflikt einbezogen wurden, vor allem mit Regierungsmaßnahmen unzufriedene Teile der Gesellschaft. Als Beleg dafür lässt sich eine Kundgebung in der Stadt Rosario am 25. Mai anführen, die sich durch ihre Größe und Heterogenität auszeichnete. Abgesehen von der Anzahl der versammelten Menschen (je nach Quelle ist von 170.000 bis 300.000 Teilnehmer_innen die Rede) fiel die große Vielfalt auf: Einwohner_innen von Rosario aus verschiedenen sozialen Schichten, *„chacareros"* und andere Produzent_innen, der FAA angehörende Jugendliche, die in Chören eine Agrarreform forderten, Großproduzent_innen und Grundbesitzer_innen, Angehörige von mit der Regierung unzufriedenen Piquetero-Bewegungen, etc. Der Begriff „Landwirtschaft" war übergreifend genug, sie alle zu vereinen; der Konflikt drehte sich jedoch um die Verteilung der Bodenrente und nicht um eine Änderung des Akkumulationsmodells.

Dieses Bild zeigte sich während der ganzen Zeit, die der Konflikt andauerte und der vor allem durch eine klare Aushöhlung der Bestimmungen geprägt war. Die diskursiven Auseinandersetzungen sowie die Demonstrationen von Stärke und Unterstützung schienen eine zentrifugale Kraft zu erzeugen, durch die die Situation immer mehr polarisiert wurde. So wurden andere Sichtweisen auf den Konflikt, die das „Agrobusiness"-Modell an sich oder das Verhalten der Regierung kritisierten, umgehend unterdrückt oder einer der „Kriegspar-teien" zugeordnet. Die Äußerungen des Planungsministers Julio de Vido, „das ist nichts für Unschlüssige" und „wer sich nicht anschließt, bleibt zurück", cha-rakterisieren diese Logik, die erst wieder verschwand, als der Konflikt vor den Kongress kam. Die Entscheidung, die Debatte dort zu führen, trotz der von der Regierung vorgeschlagenen Einschränkungen der Gesetzesvorlage, war eine demokratische Maßnahme, durch die die Situation entschärft und eine rationale Interaktion ermöglicht wurde – unabhängig von ihrem Ausgang. Nichtsdestotrotz lieferten sich beide Seiten parallel zur Kongressdebatte eine mediale Schlacht um die Aneignung des öffentlichen Raums, in der die „Logik der Zahlen" (darüber also, wer auf Demonstrationen mehr Menschen zusam-menbekam) dominierte. Dieser schwere Fehler der Regierung überdeckte die demokratische Maßnahme, die Repräsentant_innen „aller" (der verschiede-nen im Kongress vertretenen Parteien) über die Frage entscheiden zu lassen. Bekanntermaßen verlor die Regierung zunächst die Schlacht um die öffentli-che Meinung und dann die in der Legislative.

Als Vizepräsident und Vorsitzender des Senats, Julio C. Cobos, sein Veto ge-gen das Gesetzesvorhaben einlegte, das das Präsidialdekret Nr. 125 bestätigt hätte, bildete das den Schlusspunkt dieser Etappe des Konflikts und erlaubte eine Abschwächung und Richtungsänderung.

Aktuelle Hintergründe zur globalen Krise

Nur kurze Zeit nach dem berühmten „Nein" des Vizepräsidenten erhoben die meisten Vertreter_innen der Agrarverbände erneut die Stimme gegenüber der Regierung. Das überraschende Absinken der Rohstoffpreise aufgrund der globalen Finanzkrise hatte ihnen einen bösen Streich gespielt: Denn die man-gelnde Flexibilität des geltenden Steuersystems verstärkte noch die Verkleine-rung der Gewinnspannen für Agrarproduzent_innen. Die Situation war in den ersten Monaten des Jahres kaum vorauszusehen gewesen. Der Preis für Roh-stoffe stieg ständig weiter, da diese als Sicherheit gegen den Zusammenbruch der bedeutendsten Akteure der Finanzwelt galten. Der Einbruch der Preise der wichtigsten Agrarprodukte in den folgenden Monaten, belegt den großen Ein-fluss den die Finanzmärkte auf die Lebensmittelpreise haben. Es konnte nicht als Erklärung angeführt werden, die Chines_innen äßen weniger[8], es habe eine Lebensmittelüberproduktion gegeben oder der Biodiesel sei nicht mehr gefragt[9]. Vielmehr wurde offenkundig, dass der immense Preiseinbruch von den internationalen Finanzmärkten verursacht wurde, als Folge eines generellen Einbruchs bei spekulativen Geschäften. Dadurch zeigte sich auch, dass die Rentabilität der Produktion der Logik der Bewertung durch die Märkte unterworfen ist. Eine kritische Bestandsaufnahme würde nichts anderes bedeuten, als eine pessimistische Zukunftsperspektive zu entwerfen – Folge eines jahrelangen, im Verhältnis zur Realwirtschaft überproportionalen Wachstums der Finanzmärkte.

Diese wirkmächtige Logik, die die Geschicke der zeitgenössischen kapitalistischen Ökonomie zu lenken scheint, erlaubt uns zu verstehen, dass viele der von dem Beschluss der Regierung betroffenen Akteure eine untergeordnete Rolle innerhalb der agroindustriellen Kette der Sojaproduktion spielen. Die Exportfirmen, Investmentfonds, Saatgutkonzerne, agrochemischen Betriebe und das Finanzkapital waren von dem Konflikt nicht im selben Maße betroffen wie die Produzent_innen. Selbst bei international sinkenden Preisen ist der wichtigste Ausweg aus dem Soja-Produktionsmodell die Betriebsvergrößerung, doch ist diese Strategie nur jenen Unternehmen vorbehalten, die mit ausreichend Kapital dafür ausgestattet sind. Viele der kapitalistischen Produzent_innen und *„chacareros"*, die einen großen Teil dieses Jahres demonstrierten, werden in Zukunft nicht mehr rentabel arbeiten können und ihr Land an größere Unternehmen abtreten müssen. Daher gehen wir davon aus, dass nur durch Besteuerung und Beschränkung der Expansion und Konzentration dieser Sektoren demokratisierende Transformationen des argentinischen Ölfruchtkomplexes und der Agroindustrie insgesamt möglich sind.

---

[8] Zum besseren Verständnis dieses Themas und zur Entmystifizierung der Behauptung, der internationale Anstieg der Lebensmittelpreise stehe im Zusammenhang mit der chinesischen Nachfrage, verweisen wir auf Nadal 2008: 6.

[9] Es ist wichtig, daran zu erinnern, dass diverse Länder Gesetze erlassen haben, nach denen fossile und pflanzliche Energieträger vermischt werden müssen, mit dem Ziel, ihre Erdöl-Abhängigkeit zu verringern. Aus diesem Grund, der auch zu einem Einsturz des Preises für das Barrel Rohöl führte, verringert sich der Anteil von zu diesem Zweck bestimmten Agrarprodukten nicht direkt proportional zum Sinken des Erdölpreises.

Die „Landwirtschaft der Zukunft" – abschließende Bemerkungen

Der in diesem Beitrag beschriebene Wandel des agrarischen Akkumulationsmodells zeigt die Fragilität und Abhängigkeit unserer Landwirtschaft vom Weltmarkt auf. Betrachten wir alles, was durch die Lebensmittelproduktion an Wäldern und Yungas sowie an Wasserressourcen[10] verloren gegangen ist, wird noch deutlicher, warum wir behaupten, dass die Regierung sich in der Landwirtschaft für die Wahl des neoliberalen Modells und seiner Förderung entschieden hat.

Im Hinblick auf die aktuelle Krise gibt es nach unserer Einschätzung zwei Optionen: Weiterverfolgung des neoliberalen Weges mit der Aussicht auf noch gravierendere Ausbrüche von Armut und Hunger, als wir sie während der Jahre 2001/2002 erlebten, oder aber Ergreifen eines Maßnahmenpakets zur Umstrukturierung dieses Modells und Neuorientierung auf das, was Vía Campesina als „Ernährungssouveränität" bezeichnet: „Organisation der Produktion und des Verbrauchs von Lebensmitteln entsprechend der Bedürfnisse der lokalen Gemeinschaften mit der Priorität auf Produktion und Verbrauch im Inland. Dies beinhaltet das Recht, die nationale land- und viehwirtschaftliche Produktion zu schützen und zu regulieren. Bauern und Bäuerinnen, Landlose und Agrarproduzent_innen müssen Zugang zu Land, Wasser, Saatgut sowie Produktionsressourcen und angemessene staatliche Unterstützung erhalten" (www.viacampesina.org). Für Argentinien bedeutet das, zu einer direkten Lebensmittelproduktion zurückzukehren und den Zugang zu einer gesunden und qualitativ hochwertigen Ernährung zu verteidigen, gegenüber den Interessen der Wirtschaft und gegenüber der Erwirtschaftung von Devisen zur Finanzierung eines Staats, bei dem in Frage steht, dass er der Bevölkerung dient.

Nur der Kongress – in einer unabhängigen Position gegenüber den korporativen ökonomischen Interessen, die oftmals durch Gouverneur_innen oder

---

[10] In den Morgenstunden des 30. September 2010 wurde schließlich das Gesetz über „Minimalforderungen für den Schutz der Gletscher und der periglazialen Umwelt" (Wasserfabriken für Gegenwart und Zukunft) angenommen, ausgehandelt zwischen dem Oppositionsabgeordneten Miguel Bonasso und dem Senator der Regierungsfraktion Daniel Filmus. Es sei darauf hingewiesen, dass das Gesetz zuvor von der Präsidentin abgelehnt worden war, mit der Begründung, die Exporte des Primärsektors müssten gefördert werden (in diesem Fall zu Gunsten der Bergbauunternehmen).

nationale Institutionen repräsentiert werden, und in Kenntnis der weltweiten Veränderungen in der näheren Zukunft – kann über das Schicksal der Landwirtschaft, also das Schicksal Argentiniens für die nächsten Jahre, diskutieren und entscheiden. Wenn dies nicht geschieht und die Krise sich noch verschlimmert, bleibt immerhin noch die bewährte Lösung: unabhängige Räume zur Produktion von Nahrungsmitteln suchen, unterstützen oder schaffen, die (in der Federación Agraria vereinten) Organisationen der Lebensmittelproduzent_innen davon überzeugen, sich wieder für die Seite der „Ernährungssouveränität" zu entscheiden und „das sinkende Schiff zu verlassen", um ein eigenes starkes Boot der Solidarität und Umsicht zu besteigen. Es sind die sozialen Bewegungen – vor allem jene, die sich schwerpunktmäßig mit natürlichen Ressourcen befassen (Land, Wasser, Bergbau, Wald) – , die diese in Zeiten der Krise notwendigen Räume erschließen können. Zusammenfassend lässt sich sagen, dass der Konflikt der ersten Jahreshälfte 2008 der Vorbote einer schweren Krise war, die weder die korporativen Verbände noch die Regierung vorauszusehen vermochten. Positiv daran war, dass die Legislative und die Gesellschaft angefangen haben, zu erkennen, was in der argentinischen Landwirtschaft vor sich geht: die Probleme der Bauern, die zum Soja-Anbau übergegangen sind; die Bauern, denen ihr Land entrissen wird; die schlecht bezahlten Landarbeiter_innen und Kinderarbeit.

Literatur

Arceo, Enrique (2003): *Argentina en la periferia próspera. Renta internacional, dominación oligárquica y modo de acumulación*; Buenos Aires: Siglo xxi Editores.

Flichman, Guillermo (1977): *La renta del suelo y el desarrollo agrario argentino*; México: Siglo xxi Editores.

Giarracca, Norma & Miguel Teubal [Hg.] (2005): *El campo argentino en la encrucijada*; Buenos Aires: Alianza Editorial.

Giarracca, Norma; Miguel Teubal, & Tomás Palmisano (2008): „Paro agrario: crónica de un conflicto alargado"; In: *Realidad Económica,* Nr. 237, Buenos Aires: iade.

Nadal, Alejandro (2008): „Adiós al factor China"; In: *Biodiversidad, sustento y culturas*; Juli, Nr. 57, Argentina: redes-at, grain, Acción por la Biodiversidad, la Campaña de la Semilla de Vía Campesina, Acción Ecológica, el Grupo de Semillas de Colombia & el Grupo etc. (Hg).

Sabini Fernández (2008): „Los nuevos especuladores"; In: *Biodiversidad, sustento y culturas*; Juli, Nr. 57, Argentina, redes-at, grain, Acción por la Biodiversidad, la Campaña de la Semilla de Vía Campesina, Acción Ecológica, el Grupo de Semillas de Colombia y el Grupo etc. (Hg.).

Teubal, Miguel (1975): „Estimaciones del excedente financiero del sector agropecuario argentino"; In: *Desarrollo Económico-Revista de Ciencias Sociales*; Vol. 14, Nr. 56, Januar-März, Buenos Aires: ides.

Teubal, Miguel y Javier Rodríguez (2002): *Agro y Alimentos en la Globalización*; Buenos Aires: La Colmena.

Treu, Tiziano (2002): „Paro"; In: Norberto Bobbio; Nicola Matteucci & Gianfranco Pasquino (Dir.): *Diccionario de política*; Mexiko-Stadt: Siglo xxi editores.

Anmerkung

Der Text ist zuerst auf Spanisch erschienen in: Norma Giarraca & Miguel Teubal [Hg.] (2011): el paro agrario a la elecciones de 2009. Tramas, reflexiones y debates; Buenos Aires, S.275 -286. Eine freie online-Version des Buches gibt es unter: www.ger-gemsal.org.ar/files/pdf/libros/DelParoAgrarioALasEleccionesde2009-1.pdf . Für den vorliegenden Band wurde der Beitrag aus dem Spanischen übersetzt und leicht gekürzt.

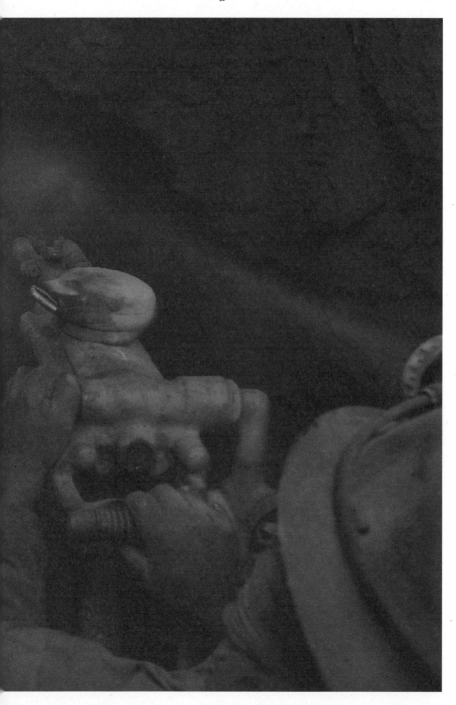

Der Marsch der TIPNIS-Indígenas

Über den Zusammenhang zwischen den indigenen Protesten
in Bolivien und den extraktivistischen Modellen Südamerikas

Sarela Paz

Der „Wasserkrieg" von Cochabamba in den Jahren 2000/2001 war in Bolivien
der Auftakt für eine ganze Reihe von Protesten der Bevölkerung. Diese waren deutlich auf eine Demontage des neoliberalen institutionellen Rahmens
gerichtet, dem die Kapitalisierung und Transnationalisierung verschiedener
Naturressourcen in Bolivien gelungen war. Die ersten zehn Jahre des neuen
Jahrtausends waren angefüllt mit innenpolitischen Protesten und Kämpfen. Es
gab Momente großen Erfolgs, die der Bevölkerung die Mitsprache über die Zukunft der strategischen Naturressourcen ermöglichten: über Erdgas und Erdöl,
Wasser und mineralische Ressourcen. Die Debatte war von Mobilisierungen
und zivilem Ungehorsam geprägt. Eine Industrialisierung und produktive Entwicklung zur Befriedigung der Bedürfnisse der Bevölkerung, ökonomische
Perspektiven jenseits des Kapitalismus – das ließ uns Bolivianer_innen eine
Zukunft aufscheinen, die sich von der bisherigen Rolle in der Weltwirtschaft
unterschied. Die Wahl des ersten indigenen Präsidenten in der Geschichte des
Landes im Dezember 2005 ermutigte, ernsthaft über Möglichkeiten für einen
tiefgreifenden strukturellen Wandel der bolivianischen Gesellschaft nachzudenken.

Zehn Jahre später, von August bis Oktober 2011, unternahmen Indigene
einen Marsch, der den Blick lenkte auf das, was wir im Hinblick auf unsere
Träume und Pläne für die erste Hälfte des 21. Jahrhunderts bisher erreicht
hatten Der Marsch machte zunächst deutlich, dass es zwischen den indigenen
Gruppen unterschiedliche Vorstellungen in Bezug auf Entwicklung gibt. Zweitens zeigte er, dass der wirtschaftliche Ansatz eines auf Rohstoffexporte ausge-

richteten extraktiven Modells sich unter Morales nicht nur nicht verändert hat, sondern sogar noch verstärkt worden ist – in einer Zeit, da wir Bolivianer_innen gehofft hatten, zur Verarbeitung von Öl und Gas überzugehen und somit nicht mehr nur ein Exporteur von Rohstoffen zu sein. Drittens offenbarte der indigene Marsch, dass das Konzept des plurinationalen Staats enorme Widersprüche zu einem auf Rohstoffexporte ausgerichteten extraktiven Modell aufweist, welches für sein Funktionieren des Zentralismus und einer einheitlichen Nation bedarf. Es stellte sich die Frage, ob das politische Gebilde des plurinationalen Staats in einer extraktivistischen Ökonomie funktionieren und ob das extraktivistische Modell die Interessen der indigenen Völker überhaupt vertreten kann.

Der vorliegende Beitrag soll den durch den indigenen TIPNIS-Marsch von 2011 aufgeworfenen Konflikt analysieren. Dabei soll der Frage nachgegangen werden, inwiefern dieser Protestmarsch Ausdruck der Widersprüche des plurinationalen Staats Bolivien ist – einer Ordnung, die sich auf ökonomische und politische Pluralität beruft, diese jedoch einer auf extraktivistische Exportwirtschaft ausgerichteten Regierungspolitik unterwirft. Die Herausforderung besteht wohl darin, den Zusammenhang zwischen der indigenen Mobilisierung des TIPNIS und dem extraktivistischen Modell Boliviens zu erklären. Dies muss beinhalten, die Merkmale des Konflikts aufzuzeigen, sowie die beteiligten Akteure, die Verbindungen zwischen diesen Akteuren, ihre Interessen und die eines Staats, der ein extraktivistisches Rohstoffexportmodell auszubauen versucht.

Bei der Untersuchung dieser Aspekte ist es wichtig, die von den indigenen Gemeinschaften des TIPNIS angestoßenen Entwicklungsprojekte zu berücksichtigen, und zu betrachten, welche Alternativen sie dem die Staatsräson dominierenden extraktivistischen Ansatz entgegenstellen.

Grundlegendes zum Verständnis des Konflikts

TIPNIS ist ein staatlich anerkanntes indigenes Territorium dreier indigener Gruppen der Amazonasregion: der Yuracares und der Chimanes, die im Bergregenwald leben und eine amazonische Wirtschaftsweise verfolgen, die auf einer komplexen Verknüpfung von Jagd, Fischfang, Sammeln und Landwirtschaft basiert, sowie der Mojeños Trinitarios, die vor allem die Überschwemmungswälder und -savannen bewohnen und ebenfalls die amazonische

Wirtschaftsweise verfolgen. Im Mittelpunkt des TIPNIS-Konflikts und des indigenen Marschs ging es um die territorialen Rechte der Yuracares, Chimanes und Mojeños Trinitarios: das Eigentumsrecht an ihrem Territorium, das eine vorherige Konsultation bei sie betreffenden staatlichen Eingriffen umfasst. Die Regierung Evo Morales beschloss eine Überlandstraße durch das TIPNIS-Gebiet zu bauen, die die kleinen Städte Villa Tunari und San Ignacio de Moxos miteinander verbinden sollte[1].

Das Straßenbauprojekt wurde von der Regierung im Jahr 2007 beschlossen, ohne vorherige Verhandlungen mit oder Konsultationen der betroffenen Bevölkerung durchzuführen. Von da an verschlechterte sich das Verhältnis zwischen der Exekutive und der Vertretung der Amazonas-Indígenas zusehends. Im April 2010 stimmte das Parlament dem Kredit durch die brasilianische Entwicklungsbank BNDES[2] für die Durchführung des Straßenbauprojekts zu und am Rande des Nationalparks (in der Siedlung Isinuta) tauchten Baumaschinen auf. Daraufhin hielten die indigenen Vertreter_innen des TIPNIS ein territoriales Treffen in der Gemeinde San Pablo del Isiboro ab – ihr höchstes internes Entscheidungsgremium. Dort wurde die deutliche Entscheidung getroffen, dass die indigenen Völker des TIPNIS sich nicht gegen die Straße an sich stellen, jedoch dagegen, dass sie mitten durch das Territorium führt und es so in zwei Teile zerschneidet.

Nach den hier aufgeführten Fakten könnte man glauben, es handle sich um einen reinen Konflikt zwischen der Regierung und den indigenen Gemeinschaften des TIPNIS. Bei dem Blick auf die Produktionslogik für das Territorium fällt jedoch zweierlei auf: Erstens handelt es sich hier um zwei unterschiedliche Produktionslogiken, die zwei Entwicklungsmodellen entsprechen – mit unterschiedlichen sozialen Akteuren und ökonomischen Dynamiken unterschiedlicher Größenordnung. Zweitens wird hier vom Staat der Wegebau als Be-

---

[1] Eine Darstellung des indigenen Rechts auf vorherige Konsultation und der durch die bolivianische Verfassung vorgesehenen institutionellen Verfahren findet sich in: Paz 2012.

[2] Die brasilianische Entwicklungsbank Banco Nacional de Desenvolvimento Econômico e Social (BNDES) tätigt Investitionen in infrastrukturelle und extraktive Projekte. Sie tritt wirtschaftlich meist mit der Banco do Brasil im Rahmen einer Public Private Partnership auf.

standteil der die Departamentos verbindenden Entwicklung präsentiert, ohne die Beziehungen der Machtgruppen innerhalb der Regierung von Evo Morales und den für den TIPNIS vorgesehenen Entwicklungsmodellen offenzulegen. Noch weniger wird erklärt, welche Rolle die Überlandstraße bei den Plänen der bolivianischen Regierung für die Erdölförderung einnimmt, sowie bei den von Brasilien angeführten Infrastrukturentwicklungsprojekten im Rahmen der Initiative zur Regionalen Infrastrukturintegration Südamerikas (IIRSA).

Entwicklungslogiken und indigene Völker

Welche sind nun die zwei Formen von Produktions- bzw. Entwicklungslogik, die im TIPNIS-Konflikt zur Debatte stehen und die die ortsansässigen Akteure mit ausmachen?

Einer Umweltstudie zufolge, die von März bis Juli 2011 von der nationalen Naturschutzbehörde SERNAP (einer Abteilung des Vizeministeriums für Biodiversität) ausgearbeitet wurde[3], gibt es im TIPNIS zwei Entwicklunglogiken bzw. -modelle, die unterschiedliche indigene Sichtweisen widerspiegeln und in jeweils anderer Beziehung zu dem von der Regierung vorgeschlagenen Entwicklungsmodell stehen. Einerseits existiert die ökonomische Logik einer amazonischen Wirtschaftsweise der Yuracares, Chimanes und Mojeños Trinitarios, die kollektive Nutzungs-, Zugangs- und Verbrauchsrechte an den Ressourcen des Waldes beinhaltet. Diese indigene Wirtschaftsweise ist auf Subsistenz und Ernährungssicherheit ausgerichtet und mischt sich mit einer nachhaltigen Nutzung der Produkte des Waldes für kommerzielle Zwecke. Andererseits gibt es die auf Koka-Anbau beruhende ökonomische Logik der andinen Siedler_innen, Quechuas und Aymaras, die im Rahmen des Programms zur Besiedlung des Tieflandes durch die populistische Regierung ab 1952 in das Gebiet kamen: Hier erfolgen Nutzung, Zugang und Verbrauch der Produkte des Waldes individuell. Dieses Wirtschaftsmodell bezieht sich innerhalb des Wald-Kontextes stark auf ein höheres Gut – nämlich Land. Genauer: Wald, der in Land zum Koka-Anbau verwandelt wird. Ihre Produktion dient rein kommerziellen Zwecken, nämlich dem Verkauf von Koka-Blättern.

---

[3] Die Studie wurde von der Umweltberatungsfirma Rumbol – Sociedad y Naturaleza durchgeführt und von zehn Fachleuten sowie sieben Mitgliedern des indigenen technischen Teams des TIPNIS ausgearbeitet.

Seit 2001 ist der TIPNIS in drei Zonen unterteilt: Erstens eine Kernzone mit strengsten Schutz- und Erhaltungsauflagen für die Biodiversität, die nur für wissenschaftliche Zwecke sowie nicht planmäßiges Jagen und Sammeln durch die indigenen Familien genutzt werden darf; zweitens eine Zone für die traditionelle Nutzung durch die indigene Wirtschaftsweise; drittens eine Zone der nachhaltigen Ressourcennutzung zur Umsetzung der Entwicklungspläne der indigenen Gemeinschaften, die auf Nutzungsplänen beruhen für: a) Forstwirtschaft, b) Krokodilsleder, c) Öko-Tourismus und d) Agroforstwirtschaft mit Wildkakao. Der Plan aus dem Jahr 2001 verbietet kategorisch jedwede Ölexploration oder -bohrung in dem Gebiet.

Die Entwicklungsmodelle der indigenen Gemeinschaften zielen auf das Gemeinwohl ab, auf den Wald und seinen Schutz. Obwohl sie die Familien an die Handelskreisläufe anbinden, gestattet das auf gemeinsame Ressourcenverwertung ausgerichtete Produktionsmodell den indigenen Gemeinschaften, das Territorium politisch zu kontrollieren. Nach Ansicht der Gemeinschaften wäre gerade die politische Kontrolle über das Territorium vom Bau der Straße umfassend betroffen. Diese würde durch die Kernzone des Gebiets verlaufen und deren Biodiversität gefährden; sie würde, wie es die Indigenen selbst formulieren, „das Gebiet gefährden, in dem das Leben des Territoriums erschaffen wird; im Herzen des TIPNIS entsteht der Regen, reproduzieren sich die Tiere und stehen unsere besten Bäume". Die Kernzone würde durch die Straße in zwei Teile zerschnitten. Noch schlimmer aber wäre, dass die territoriale Kontrolle und Schutz verloren gingen, was bislang durch ihre schwere Zugänglichkeit verhindert wurde. In der Kernzone gibt es keine Ansiedlungen von Indigenen; diese liegen alle außerhalb, in der Zone der nachhaltigen Ressourcennutzung.

Die von der Regierung vorgeschlagene Straße würde eine Schwächung für die politische Kontrolle des Territoriums bedeuten, weil sie Siedlungen mit sich bringen würde: andine Produzent_innen der Quechua und Aymara, die Koka anbauen, was einer Individualisierung und Parzellierung der Produkte des Waldes gleichkäme. Die Erfahrung, die die indigenen Gemeinschaften des TIPNIS im Süden machten (Siedlungsgebiet *polígono* 7), war die einer konstanten und systematischen Schwächung ihrer politischen Kontrolle über das Territorium zugunsten der in das Gebiet einwandernden Koka-Produzent_innen. Umso mehr, da diese nun, wie die TIPNIS-Indigenen sagen, den Präsidenten stellen.

Nach welcher Logik funktioniert aber das Entwicklungsmodell in den Siedlungen der Quechuas und Aymaras im Süden des TIPNIS? Die Siedler_innen wurden seit der national-populistischen Staatspolitik nach 1952 in den Amazonasgebieten angesiedelt. Teile der Quechuas und Aymaras zogen im Rahmen dieser Politik als Bauern in die Region der tropischen Yungas, um ihre Anbaumethoden zu erweitern und zu diversifizieren. Fundamental für das Verständnis der Siedlungsaktivitäten der Koka-Produzent_innen im TIPNIS sind die Migrationswellen 1982 bis 1985 und 1986 bis 1989, die eng mit den Strukturanpassungsmaßnahmen und dem Übergang von einem nationalistischen zu einem deutlich neoliberaleren Staatsmodell zusammenhängen.

Das von den Koka-Produzent_innen im Süden des TIPNIS verfolgte Entwicklungsmodell besteht in dem intensiven Vorantreiben der Agrargrenze: Entwaldung – die schnelle Umwandlung von tropischen Regenwaldgebieten in Parzellen für den Koka-Anbau. Durch die beiden Komponenten ihres Wirtschaftshandelns – der individuelle Besitz von Produkten des Waldes und das Ziel der landwirtschaftlichen Produktion – unterscheidet sich ihr Entwicklungsmodell stark von dem der indigenen TIPNIS-Gemeinschaften. Es wird deutlich, dass das Straßenbauprojekt für die Koka-Bauern eine äußerst wichtige Rolle für ihr wirtschaftliches Fortkommen hat. Die Straße würde die Handelsmöglichkeiten der Koka anbauenden Familien noch verbessern; darüber hinaus würde sie die gesamte Vorgebirgsachse der östlichen Anden-Kordillere strukturieren. Der Bau der Straße zwischen Villa Tunari und San Ignacio de Moxos, zusammen mit der Anwesenheit von Siedler_innen in den verschiedenen Regionen der tropischen Yungas im östlichen Andengebiet Boliviens, würde die Verschiebung der politischen Kontrolle des Gebiets zugunsten der andinen Siedler_innen noch verstärken. Die Quechua und Aymara, die in der Vergangenheit die territoriale Gliederung der Anden vertikal kontrollierten, verfolgen heute die Strategie, verschiedene ökologische Höhenformationen zu kontrollieren, und verknüpfen dies mit dem Besetzen verschiedener ökonomischer Nischen und Handelskreisläufe. Das wirtschaftliche Ergebnis unterscheidet sich deutlich von dem der früheren andinen Dorfgemeinschaften (*ayllus*).

Die Koka-Produzent_innen haben durch ihre Ansiedlung in der Provinz Chapare einen Ausweg aus der strukturellen Armut als Bauern in den Anden gefunden, den ihnen der Staat zuvor nicht aufzuzeigen vermochte. Dieser Fakt muss in die Analyse mit einfließen. Dennoch führen die Resultate des vor 30 Jahren begonnenen ökonomischen Prozesses zu einer neuen Lage, die ebenfalls untersucht werden muss. Die Koka-Produzent_innen des TIPNIS können nicht mehr betrachtet werden wie vor 30 Jahren, da die wirtschaftlichen Veränderungen, zu denen sie beitrugen, auch ihre benachteiligte Situation in der bolivianischen Gesellschaftsstruktur verändert haben. Als bäuerliche Produzent_innen sind sie Teil einer globalen Enklavenökonomie des Drogenhandels. Die Spezialisierung auf den Anbau von Koka-Pflanzen in den 1980er Jahren hat sie in einen Handelskreislauf integriert, der über die Grenzen des Landes hinausgeht. Schon zu Anfang der neunziger Jahre wurden die Siedlungsgebiete des TIPNIS von der Anti-Drogen-Behörde zur „roten Zone" erklärt, da die Koka-Monoproduktion auf den Vertrieb innerhalb der Drogenhandelsrouten ausgerichtet war.

Die Stellung als Enklavenökonomie, die den Gesetzen des Weltmarkts und der Drogenkorridore folgt, hat sich seitdem nicht verändert. Im November 2011 entdeckte die Anti-Drogen-Behörde eine Großproduktionsanlage für Kokain im Ort Santa Rosa am Río Isiboro, die Handelsbeziehungen des Gebiets mit den kolumbianischen Drogenkartellen offenbarte. Der Handel mit Koka, der nicht dem traditionellen Gebrauch der Koka-Blätter - kauen und die Verwendung für medizinische Zwecke – entspricht, drängt auf neue Landwirtschaftsflächen vor, was ein Fortschreiten der Agrargrenze auf Kosten des Waldes bedeutet. Innerhalb der Kette der Enklavenökonomien des Drogenhandels sind die Koka-Bauern Lieferant_innen der Rohware, das große Geschäft machen sie nicht; als Teil dieser Kette treten sie jedoch als lokale Akteure auf, die Druck ausüben und darum kämpfen, Land für die landwirtschaftliche Nutzung zu erhalten. Anfang der 1990er Jahre umfasste das Anbaugebiet der Koka-Bauern im TIPNIS zehn bis 20 Hektar. Die Sammelstelle für Koka-Blätter in Isinuta war die größte in der gesamten Provinz Chapare.

Heute wird eine wesentlich geringere Menge angebaut und es existiert ein System sozialer Kontrolle durch die Koka-Gewerkschaft, wodurch das schnelle Wachstum der landwirtschaftlichen Nutzflächen in der Region reguliert wird. Das System der sozialen Kontrolle war eine politische Reaktion der Koka-Gewerkschaften in einem nationalen Kontext. Die Koka-Gewerkschaften des TIPNIS gehören zur Ursprungsbasis von Präsident Morales. Die soziale Kontrolle soll eine Botschaft an die bolivianische Bevölkerung aussenden: Es geht um den Versuch, die Regierung Morales von dem Ruf einer Koka-Bauern-Vertretung zu befreien. Doch auch so setzen sich die Prozesse der Unterwerfung und des Voranschreitens der Agrargrenze im Namen des Koka-Anbaus im Süden des TIPNIS fort, die bereits die indigenen Gemeinschaften in den Randgebieten erfassen[4]. Die Familien dieser indigenen Gemeinschaften haben begonnen, zum Koka-Anbau überzugehen und sich innerhalb der Koka-Gewerkschaften zu organisieren[5]. Diese Gemeinschaften demonstrieren heute für das Außerkraftsetzen des TIPNIS-Schutzgesetzes (Gesetz Nr. 180) und für den Bau der Straße.

Entwicklung und die Regierungspolitik von Evo Morales

In welchem Zusammenhang stehen die Entwicklungsmodelle für den TIPNIS und die Entwicklungsstrategie der Regierung Morales? Wenngleich diese sich auf der Grundlage der von den sozialen Bewegungen geprägten Oktober-Agenda[6] entwickelt hat – die neben der Abhaltung einer Verfassunggebenden Versammlung ein wirtschaftliches Entwicklungsmodell der Verarbeitung von Öl und Gas beinhaltete – vertiefte sie letztlich die traditionelle und hegemoniale Rolle des Staates: Förderung wirtschaftlicher Strategien, die auf einem Rohstoff exportierenden, extraktivistischen Modell basieren. Eine solche wirtschaftspolitische Ausrichtung hat mehrere Konsequenzen. Zwar werden andere Entwicklungsmöglichkeiten nicht ausgeschlossen, und der 2006 vorgelegte Regierungsplan geht von einer pluralen Perspektive ökonomischer Modelle

---

[4] Im TIPNIS existieren 64 indigene Gemeinschaften. Davon leben zehn innerhalb der Siedlungsgebiete und neun innerhalb der Einflussgebiete der Siedler_innen. Es lässt sich also sagen, dass 19 indigene Gemeinschaften von der regionalen Wirtschaftsform des Koka-Anbaus beeinflusst sind.

[5] Eine Untersuchung von Sarela Paz aus dem Jahr 2006 ergab, dass die indigenen Familien in den Randgebieten wegen der ökonomischen Vorteile zum Koka-Anbau übergehen; forstwirtschaftliche Aktivitäten (Holzeinschlag) werden aufgegeben, da die Einkünfte daraus niedriger sind (SERNAP 2006).

[6] Die Oktober-Agenda stellte die Forderungen der städtischen und ländlichen sozialen Bewegungen Boliviens vom Wasserkrieg 2000 bis zum Gaskrieg 2003 dar. Die Ziele beinhalteten die Abhaltung einer Verfassunggebenden Versammlung, die Eigenverarbeitung von Erdgas, die politische Vertretung jenseits des Parteienmonopols und die Verstaatlichung des Rohstoffabbaus.

aus, die der Staat unterstützen soll. Die bevorzugte Ausbeutung natürlicher Ressourcen und deren Rohexport als zentrale Einkommensquelle konzentriert jedoch staatliche Maßnahmen auf die extraktivistischen Projekte. Diese stehen wieder im Vordergrund und werden oft als Regierungsangelegenheit dargestellt. Eine solche Ausrichtung der Wirtschaftspolitik hat natürlich die Unterordnung anderer Entwicklungsmodelle zur Folge, die sich entfalten dürfen oder sogar staatlich gefördert werden, solange sie den zentralen Plänen einer extraktivistischen Wirtschaftspolitik nicht im Wege stehen. Beim TIPNIS-Konflikt war jedoch genau das der Fall: indigene Bevölkerungsteile sind nicht mit den zentralen Plänen einer extraktivistischen Wirtschaftspolitik einverstanden.

Man könnte nun argumentieren, dass die gestiegenen Rohstoffexporte nicht nur die Vertiefung des extraktivistischen Modells und die unabänderliche Bedeutung von Bergbau, Gas- und Ölförderung für die bolivianische Wirtschaft unter Beweis stellen, sondern dass dem Staat dadurch auch neue Chancen höherer Einnahmen und möglicher Industrialisierungsprozesse eröffnet werden, so wie es die sozialen Bewegungen in der Oktober-Agenda angestrebt hatten. Die Regierung Morales verfolgt jedoch eine Strategie wirtschaftlicher Entwicklung, die extraktivistischen Modellen den Vorrang gibt, sie zu Regierungspolitik macht, ohne wesentliche Industrialisierungstendenzen.

Im konkreten Fall des TIPNIS hat die Regierung Morales zwei Konzessionen für Erdölexploration und -bohrungen vergeben, unter Missachtung der Umweltauflagen für Schutzgebiete sowie der durch Mitglieder des SERNAP und indigener Organisationen erarbeiteten Entscheidung von 2001, als die Umwidmung des TIPNIS stattfand und eine Ölförderung für das Gebiet ausgeschlossen wurde. Die zwei Konzessionen wurden im Jahr 2007 vergeben, eine für den Block Sécure an *Petroandina* und die andere für den Block Ichoa an *Petrobras* (Consultora Rumbol/SERNAP 2011). Roberto Fernández (2011) weist in seiner Studie über den Erdölsektor in Bolivien darauf hin, dass die Regierung Morales sich der Maxime „Exportieren oder sterben" annähert und daher dringend neue Blöcke für die Förderung freigeben will. Es steht außer Frage, dass die Straßenverbindung Villa Tunari – San Ignacio de Moxos der Erdölförderung beider Unternehmen dienlich wäre. Im Verständnis der Erdölkonzerne ist bei den Förderprojekten die Investition in Straßen Angelegenheit der Staaten.

Die Bereitstellung von Infrastruktur, damit die exportorientierten Extraktionsmodelle unter relativ günstigen Bedingungen funktionieren können, gehört zur Logik des Regierungshandelns von Staaten, die auf eine extraktivistische Exportwirtschaft setzen. Wenn man von extraktivistischen Modellen spricht, sollte man jedoch nicht nur an die Extraktion von Rohstoffen denken, sondern mit Gudynas (2009) ebenso an die agrarexportierenden Modelle, die auf Monokulturen und intensiver Nutzung des Bodens basieren. Auf regionaler Ebene ist festzustellen, dass die Handelskreisläufe von Primärgütern, wozu auch agroindustrielle Produkte gehören, immer mehr auf den Weltmarkt ausgerichtet werden. Die Situation wird nicht besser; in der beginnenden Dekade richtet sich die Angebotsstruktur Südamerikas immer mehr auf die chinesischen Märkte aus. Die steigende Nachfrage Chinas nach Mineralien führt dazu, dass Südamerika zum Ort strategischer Interessen wird; das IIRSA-Projekt gewinnt dabei insbesondere an Bedeutung wegen der dazu gehörenden interozeanischen Verbindung.

Die größte Herausforderung dieser Verbindung besteht in der Überquerung der Anden; für Staaten wie Brasilien, die ausschließlich über Atlantikküsten verfügen, hat eine solche Atlantik-Pazifik-Verbindung strategischen Wert. Gleichzeitig will Brasilien auch das Amazonasgebiet durchqueren; die Regionen des Bergregenwalds und des tropischen Regenwalds nehmen dadurch eine doppelte Funktion ein: Erstens werden dabei natürliche geografische Grenzen beseitigt, die vor 30 Jahren kaum zugänglich waren; zweitens handelt es sich um Regionen mit fossilen Ressourcen. Der Bau von Straßen durch die östlichen Yungas dient nicht nur der interozeanischen Verbindung, er eröffnet auch die Möglichkeit, fossile Energiequellen in der subandinen Zone zu erschließen. Daran hat *Petrobras* ein Interesse. In naher Zukunft kommt Peru und Bolivien hier eine besondere Bedeutung zu, da beide Länder sowohl im Bereich Bergbau als auch im Bereich Erdöl und Gas Rohstoffexporte betreiben. Während Ecuador in der subandinen Zone bereits umfassend entwickelte Erdölprojekte hat, bieten sich hier für Bolivien und Peru noch Entwicklungsmöglichkeiten.

Die Straßenverbindung zwischen Villa Tunari und San Ignacio de Moxos und ihre strategische Bedeutung für die Region muss in dem genannten Kontext betrachtet werden: Sie ist Teil des Vorstoßes der Beseitigung natürlicher Grenzen des Bergregenwalds, mit denen ein Zugang zu den Anden und zum

Pazifikraum geschaffen werden soll. Sie eröffnet jedoch auch die Möglichkeit der Förderung fossiler Ressourcen in der subandinen Zone. Nicht umsonst wurden an *Petroandina* und *Petrobras* Konzessionen vergeben. Brasilien läuft mit seinen Energieprojekten bis 2020 Gefahr, ein Energiedefizit zu bekommen, daher ist für das Land die Exploration neuer Erdölfelder unabdingbar. Umso mehr, wenn die notwendige Infrastruktur für eine Förderung schon vorhanden ist. Die interozeanische Verbindung bringt auch Vorteile für die sich rasch entwickelnde Agroindustrie in den brasilianischen Bundesstaaten Acre, Rondônia und Mato Grosso do Norte, die an Bolivien und Peru angrenzen. Die Straßenverbindung durch die östlichen Yungas bietet auch hier eine Möglichkeit, die Kosten für den Transport ihrer Produkte an die Pazifikküste zu senken.

Gewiss ist die Situation innerhalb des auf Rohstoffexporte ausgerichteten extraktivistischen Modells nicht für alle Länder gleich.

Obwohl, wie die Untersuchungen von Gudynas (2009), Acosta (2011), Svampa (2009) oder Verdum (2010) zeigen, Südamerika insgesamt seine jahrhundertealte Rolle als Rohstofflieferant für den Weltmarkt weiterhin konsolidiert, gibt es innerhalb des Kontinents Länder wie Bolivien, die wenig industrialisiert sind, während andere wie Brasilien ihre Rohstoffexportstruktur mit einem beachtlichen Industriesektor verknüpfen, wodurch ihre geopolitische Rolle gestärkt wird[7]. Dies erklärt, warum die brasilianische Entwicklungsbank *BNDES*, die als öffentlich-privates Konsortium in infrastrukturelle und extraktive Projekte investiert, den Kredit für die Straße im TIPNIS vergab und die brasilianische Firma *OAS* den Bau ausführen soll.

Doch kehren wir zu der Ausgangsfrage zurück, inwiefern die Entwicklungsmodelle für den TIPNIS mit der Entwicklungsstrategie der Regierung Morales zusammenhängen sowie mit der regionalen Wirtschaftsdynamik und ihren geopolitischen Herausforderungen für Südamerika.

Es ist klar, dass das indigene, auf einer amazonischen Wirtschaftsweise beruhende Modell in Verbindung mit einer nachhaltigen Nutzung und Verwer-

---

[7] Ricardo Verdum zufolge ist in Südamerika Brasilien das am weitesten industriali sierte Land, gefolgt von Argentinien und Uruguay. Chile dagegen ähnelt bei seiner Exportstruktur eher Peru und Bolivien, mit über 70 Prozent Bergbauexporten (Verdum 2010).

tung der Ressourcen – so wie in den Nutzungsplänen der Indigenen und von SERNAP vorgesehen – mit den Entwicklungsstrategien der Regierung Morales kollidiert. Diese macht sich und die von ihr aufgelegten Sozialprogramme immer mehr von den Einkünften aus den Rohstoffexporten abhängig[8].

Die zweite Amtszeit von Evo Morales zeigt ganz klar eine Wende bei der Wirtschaftspolitik: Das auf Rohstoffexporte ausgerichte extraktivistische Modell ist zur Staatsdoktrin geworden – niemand darf es in Frage oder sich ihm gar in den Weg stellen. Die Indigenen des TIPNIS haben sich mit ihrem Widerstand gegen den Straßenverlauf durch die Kernzone ihres Territoriums und die Teilung des Schutzgebiets gegen die Pläne der extraktivistischen Regierungspolitik und die Infrastrukturprojekte zur Zeit- und Kostenreduktion für die extraktive Rohexportwirtschaft gestellt. Es wird politisch gegen die von den indigenen Gemeinschaften des TIPNIS vorgeschlagenen Entwicklungsmodelle vorgegangen. Die Pläne für Öko-Tourismus, Forstwirtschaft und Verarbeitung von Krokodilsleder wurden mit dem Argument der Unantastbarkeit des TIPNIS abgelehnt; die Projekte der Koka-Produzent_innen im TIPNIS hingegen laufen unvermindert weiter.

Das Entwicklungsmodell der Koka-Bauern lässt sich sogar sehr gut mit den auf Rohexporte ausgerichteten extraktiven Aktivitäten der Regierung in Einklang bringen. Tatsächlich reproduziert diese Enklave für die Produktion der Rohware des regionalen Kokaingeschäfts die Agrarindustrie in weiten Teilen, die als Teil des extraktivistischen Modells bereits benannt wurde. Erstens findet eine Monoproduktion des zu exportierenden Guts statt (Koka-Blätter/Kokainpaste); zweitens erfolgt eine intensive Landnutzung auf Kosten des Waldes, die irreversible Schäden für die biologische Vielfalt im südlichen Gebiet des TIPNIS mit sich bringt; und drittens wird das landwirtschaftliche Produkt (Koka-Blätter) ausschließlich für die Weltmarktnachfrage hergestellt. Der einzige große Unterschied zu den extraktiven agroindustriellen Modellen besteht darin, dass die Monoproduktion nicht in den Händen von Unternehmen liegt, die das Land und den Produktionsprozess kontrollieren, sondern von Bauern,

---

[8] Zu den durch Erdgas- und Erdöleinkünfte finanzierten Sozialprogrammen gehören der *Bono Juancito Pinto* für Grundschüler_innen an staatlichen Schulen, der *Bono Juana Azurduy de Padilla* für schwangere und stillende Frauen sowie die *Renta Dignidad* für alte Menschen in den Städten und auf dem Land.

die ihre Produktion durch die jährliche Ausdehnung der Agrargrenzen zu verbessern suchen. Eine Straßenverbindung hat also eine strategische Funktion für das Vordringen der Agrargrenze; und aus dem Verhalten der Siedler_innen in dem Gebiet lässt sich schließen, dass die Fläche für den Koka-Anbau zunehmend knapper wird. Die Unterwerfung weiterer Gebiete des indigenen TIPNIS-Territoriums zur landwirtschaftlichen Nutzung erscheint so als nützliche und notwendige Strategie für die Produktion und den Verkauf des Rohprodukts für Kokain. Ein solches Produktionsmodell ist relativ gut mit der Exploration und Ausbeutung von Erdöl zu vereinbaren.

Literatur

Acosta, Alberto (2011): *Extractivismo y neo extractivismo: dos caras de la misma maldición*; Quito: Línea de Fuego.

Consultora Rumbol (2011): *Evaluación Ambiental Estratégica del TIPNIS*; La Paz: SERNAP.

Fernández, Roberto(2011): „El reacomodo del poder petrolero transnacional en Bolivia"; In: *La mascarada del poder: respuestas a Álvaro García Linera*; Cochabamba: Pusisuyu.

Gudynas, Eduardo (2009): „Diez tesis urgentes sobre el nuevo extractivismo: contextos y demandas bajo el progresismo sudamericano actual"; In: *Extractivismo, Política y Sociedad*; Quito: CAAP, CLAES & Rosa Luxemburg Stiftung, S. 187-225.

Paz, Sarela (2012): „El conflicto del Territorio Indígena Parque Nacional Isiboro Sécure (TIPNIS): su consecuencia para el Estado Plurinacional de Bolivia"; In: *Estado Plurinacional: balances y perspectivas*; Nr. 3 & 4, Januar, La Paz: PNUD - Embajada de Suecia.

Paz, Sarela (2006): *Marco comprensivo para avanzar en la Línea Base de las comunidades indígenas del Bloque I*; Isiboro, La Paz: SERNAP.

Paz, Sarela (1991): *Hombres de río, hombres de camino: relaciones interétnicas en las nacientes del río Mamoré*; Cochabamba: Universidad Mayor de San Simón.

Svampa, Maristella & M.A. Antoneli [Hg.] (2009): *Minería transnacional, narrativas del desarrollo y resistencias sociales*; Buenos Aires: Bilbios.

Verdum, Ricardo (2010): *Nuevo extractivismo desarrollista en Sudamerica*: Brasilia: Programa de las Américas.

Anmerkung

Der Beitrag wurde aus dem Spanischen übersetzt.

Hindernisse der Yasuní-ITT-Initiative

Eine Interpretation aus der Perspektive der politischen Ökonomie

Alberto Acosta

„Die gesellschaftlichen Verhältnisse sind aber keine starren, unbeweglichen Formen. Wir haben gesehen, wie sie im Laufe der Zeiten vielfache Veränderungen aufwiesen, wie sie einem ewigen Wechsel unterworfen sind, in dem sich eben der menschliche Kulturfortschritt, die Entwicklung, Bahn bricht."
Rosa Luxemburg, Einführung in die Nationalökonomie

Mit Traditionen und Mythen aufzuräumen, wird immer ein schwieriges Unterfangen sein. Die Aufforderung, doch realistisch zu sein, führt zum Aufhalten von Veränderungen. Die Inhaber_innen von Privilegien, deren Verlust zu befürchten steht, stellen sich ihnen entgegen. Und immer wird es Opportunist_innen geben, die sich auf den Pragmatismus berufen, um den Wandel zu verhindern. Daher stößt die Idee, gegen eine internationale Zahlung kein Erdöl aus den Feldern Isphingo, Tambococha und Tiputini (ITT) zu fördern, auf Erstaunen und vielerlei Widerstände. In einer global vom Erdöl abhängigen Wirschaft vorzuschlagen, kein Öl zu fördern, erscheint vollkommen verrückt. Umso mehr in einem unterentwickelten Land, das von seinen Erdöleinnahmen abhängig ist. Das Überraschende an dieser Idee ist jedoch, dass sie Anhänger_innen gefunden und an Einfluss gewonnen hat.

Trotz seiner anhaltenden Zweifel waren die Zustimmung von Präsident Rafael Correa zu dem Projekt und seine nachfolgende Unterstützung wichtig. Ihm ist es zu verdanken, dass die Möglichkeit, kein Erdöl im ITT-Gebiet auszubeuten, zur Regierungspolitik wurde und die (schon lange betriebene) Option einer Förderung in den Hintergrund trat. Den Erdöl fördernden Unternehmen, die darauf warteten, sich auf die 850 Millionen Barrel Rohöl unter der ITT-Region stürzen zu können, wurde Einhalt geboten. Von demselben Präsidenten Correa gehen jedoch aufgrund seiner Zweifel und wiederholten inkonsistenten und inkohärenten Äußerungen auch die größten Gefahren für die Yasuní-ITT-Initiative aus. Dadurch bleibt der von der Erdölindustrie ausgeübte Druck weiterhin stark.

Ein Vorschlag aus dem Widerstand

Interessant an der Initiative ist, dass sie sich Schritt für Schritt innerhalb der Zivilgesellschaft herausgebildet hatte, lange schon bevor sie die Zustimmung durch Präsident Correa erfuhr. Diese Idee, die auf Regierungsebene im Januar 2007 durch den Minister für Energie und Bergbau vorgestellt wurde, hat weder Besitzer_innen noch Geschäftsführer_innen. Es handelt sich um einen kollektiv erarbeiteten Entwurf. Die Ur-Idee zum Stopp der Erdölförderung war mit Sicherheit in den Köpfen derer entstanden, die unter den Folgen der Erdölausbeutung im Amazonasgebiet zu leiden hatten.

Der Widerstand der Amazonas-Gemeinschaften wuchs immer weiter, bis er in eine juristische Auseinandersetzung mit internationaler Tragweite mündete. Dieser „Jahrhundert-Prozess" der indigenen Gemeinschaften und Siedler_innen, die von den Erdölförderaktivitäten des Chevron-Texaco-Konzerns betroffen sind, ist bekannt. Der Prozess hat – unabhängig von seinem Ausgang[1] – durch die Klage gegen einen der mächtigsten Ölkonzerne der Welt einen Präzedenzfall geschaffen. Der Rechtsstreit ist über das Amazonasgebiet hinaus von Bedeutung, es geht um mehr als nur die von Texaco zu bezahlenden Schäden. Diese Klage macht die Bestrafung und Beendigung der Umweltverschmutzungen möglich, die weltweit durch die Erdölkonzerne verursacht werden.

Daraus entwickelte sich, schrittweise und durch die in einem harten und langen Widerstand gegen die Ölförderung erlangten Erfahrungen, die Idee eines Erdöl-Moratoriums für das südliche Zentrum des ecuadorianischen Amazonasgebiets.

Die Forderung nach einem Moratorium für die weitere territoriale Ausdehnung der Erdölförderung wurde in verschiedenen Räumen und Foren erho-

---

[1] Im Januar 2012 verurteilte ein ecuadorianisches Gericht den Konzern zur Zahlung von 18 Milliarden US-Dollar [Anm. d. Hrsg.]

ben; im Jahr 2000 wurde sie in dem von mehreren Autoren verfassten Buch *El Ecuador post-petrolero* (Ecuador nach dem Erdöl) aufgegriffen. Drei Jahre später wurde die Idee von verschiedenen Umweltstiftungen offiziell an das Umweltministerium herangetragen. Kurz zuvor, im Jahr 2001, hatten mit den Auslandsschulden befasste Gruppen ein historisches Abkommen mit den internationalen Gläubigern vorgeschlagen, mit dem die Schulden erlassen und im Gegenzug der Schutz des Amazonasgebiets festgelegt werden sollte. Der Vorschlag basiert auf dem Konzept der ökologischen Schulden, bei dem die reichen Länder die Schuldner sind.

In einem anderen Teil des Amazonasgebiets, in der Provinz Pastaza, gelang es durch den Widerstand der Kichwa-Gemeinde Sarayaku Aktivitäten des argentinischen Erdölkonzerns Compañía General de Combustibles (CGC) im Block 23 des Erdölkatasters zu verhindern. Das stellte einen großen Erfolg für die kleine organisierte Gemeinschaft dar, vor allem wenn man bedenkt, dass das Unternehmen bewaffnete Unterstützung durch den Staat erhielt. Die Gemeinde, die durch internationale Solidaritätsaktionen unterstützt wurde, erreichte im Juli 2004 eine historische Entscheidung der Interamerikanischen Menschenrechtskommission, als diese eine Reihe vorübergehender Maßnahmen für die indigene Gruppe der Sarayaku forderte. Der Beschluss wurde in der ersten Jahreshälfte 2007 schließlich von der ecuadorianischen Regierung akzeptiert.

Wenig später gerieten die Sarayaku jedoch wieder in Gefahr. Bei der Neuverhandlung des Vertrags über Block 10 des Erdölkatasters, zwischen der Regierung von Präsident Correa und dem Ölkonzern AGIP im November 2010, übertrugen die Behörden dem Unternehmen einen Teil von Block 23, in dem Gebiete mehrerer indigener Gruppen der Amazonasregion liegen. Auch das Gebiet von Sarayaku befindet sich in diesem erweiterten Block 10. Diese Umstrukturierung des Blocks wurde erneut hinter dem Rücken der betroffenen indigenen Ethnien und Gemeinden vorgenommen, ohne sie vorher zu konsultieren oder um Erlaubnis zu fragen – trotz der zu erwartenden Auswirkungen der Entscheidung auf ihr Leben und ihre Territorien. Gleichermaßen besorgniserregend war das Ausschreibungsverfahren vom Juni 2011 um den „Armadillo-Block", in dem nachweislich nicht kontaktierte Gruppen leben – laut Verfassung von 2008 ein Grund, jede Form extraktivistischer Tätigkeiten zu verbieten.

All diese Vorschläge und Auseinandersetzungen bereiteten den Boden dafür, dass die Idee eines Erdöl-Moratoriums mit Nachdruck auf der politischen Bühne des Landes eingebracht werden konnte. In einem historischen Moment, als sich die langen und schwierigen Kämpfe verschiedener Bereiche der Gesellschaft festigten, wurde sie Teil des Wahlbündnisses *Movimiento País* (heute *Alianza País*) für den Zeitraum 2007 bis 2011, das 2006 erarbeitet worden war. Inzwischen jedoch verliert die Idee wieder schnell an Schlagkraft, plant die Regierung doch, die Erdölförderung auf das südliche Zentrum des Amazonasgebiets auszudehnen.

Der damalige Vorschlag beinhaltete nicht nur, die territoriale Ausdehnung der Erdölförderung zu stoppen. Es ging auch um die Optimierung bereits bestehender Projekte, ohne dabei weitere ökologische und soziale Schäden zu verursachen. Es sollte der größtmögliche Vorteil für das Land aus jedem einzelnen Barrel Öl gezogen werden, das gefördert, raffiniert, transportiert und verkauft wurde, anstatt das Fördervolumen zu maximieren.

Vom Erdöl-Moratorium zu einem neuen Lebensstil

Aufgrund all der erwähnten Forderungen wurde im Juni 2005 vorgeschlagen, das Erdöl im Nationalpark Yasuní nicht zu fördern. Der Vorschlag war Bestandteil des Plädoyers für ein umfassendes Erdöl-Moratorium in dem Positionspapier von Oilwatch *Un llamado ecológico para la conservación, el clima y los derechos (" Ein ökologischer Aufruf für den Schutz, das Klima und die Rechte"),* das bei dem ersten Treffen der Expertengruppe zu Schutzgebieten im italienischen Montecatini formuliert wurde. Danach fand er auch Eingang in das von Oilwatch 2006 herausgegebene Buch *Asalto al paraíso: empresas petroleras en áreas protegidas ("Angriff auf das Paradies: Erdölkonzerne in Schutzgebieten").* Die wichtigsten Punkte der Initiative für die Nicht-Förderung des Öls waren also schon lange vor dem Amtsantritt von Rafael Correa formuliert worden.

Die Yasuní-ITT-Initiative stützt sich auf vier Grundpfeiler: 1) Schutz einer weltweit unvergleichlichen biologischen Vielfalt – der bislang größten durch Wissenschaftler_innen nachgewiesenen, 2) Schutz des Territoriums und somit des Fortbestands indigener Gruppen in freiwilliger Isolation, 3) weltweiter Klimaschutz durch Nicht-Förderung einer großen Menge von Erdöl, wodurch eine Emission von 410 Millionen Tonnen CO_2 verhindert wird, 4) ein erster Schritt in Richtung einer Post-Erdöl-Transition in Ecuador als Vorbild für anderen Regionen. Als fünfter Pfeiler ließe sich noch die Möglichkeit hinzufügen, dass die Menschheit kollektiv nach konkreten Auswegen aus den gravierenden weltweiten Problemen sucht, die aus den menschengemachten klimatischen Veränderungen, besonders verschärft in der jüngsten Phase weltweiter Kapitalexpansion, entstehen.

Als Ausgleich dafür erwartet Ecuador einen finanziellen Beitrag der internationalen Gemeinschaft, die ihre gemeinsame und differenzierte Verantwortlichkeit wahrnehmen muss, abhängig vom Grad der Umweltzerstörungen, die durch die jeweiligen Gesellschaften verursacht wurden, vor allem durch die wohlhabendsten. Es geht dabei nicht um eine einfache Entschädigung für die weitere Durchsetzung des strukturalistischen Modells (wie es Präsident Correa bisweilen zu verstehen scheint). Die Initiative ist vielmehr ein Schritt hin zum „guten Leben" (*buen vivir* oder *sumak kawsay*), das keinen simplen Vorschlag zu alternativer Entwicklung darstellt, sondern eine Alternative zu Entwicklung.

Durch die Initiative wird ein tiefgreifender Wandel in den Beziehungen aller Bevölkerungen der Welt zur Natur angestoßen; sie ermöglicht neue globale, juristische Instanzen für Umweltfragen aufzubauen, gestützt auf das bereits erwähnte Prinzip einer gemeinsamen und differenzierten Verantwortlichkeit: Die am weitesten entwickelten Staaten, die in höherem Maße für die Zerstörung der Umwelt verantwortlich sind, müssen auch deutlich mehr zur Lösung der globalen Umweltprobleme beitragen. Die Logik der internationalen Zusammenarbeit bedarf aus dieser neuen Perspektive ebenfalls einer grundlegenden Neuordnung: Es muss absolut klar sein, dass die erwarteten finanziellen Beiträge nicht aus der fälschlich so bezeichneten Entwicklungshilfe gezahlt werden dürfen.

Letzten Endes eröffnet der Vorschlag den Weg zu einer anderen Form, menschliches Leben auf der Erde zu organisieren, nicht nur in Ecuador. Hier jedoch muss er als unerlässlicher Schritt zur strukturellen Transformation des extraktivistischen Modells sowie des Energieverbrauchs verstanden werden.

Die Initiative stellt den Versuch dar, zu einer Post-Erdöl-Ökonomie überzugehen, mit dem Ziel, die Atmosphäre mit weniger CO_2 zu belasten. Es geht um die Umsetzung der Kritik an dem als „fossil" zu bezeichnenden Energieregime. Dies zwingt uns zu einem Umsteuern „ in Richtung eines solaren Energieregimes, das auf der Nutzung der Strahlenenergie der Sonne beruht" (Altvater). Die Vorstellungen von dieser „Solar-Ökonomie" – bei denen es um die Dezentralisierung und Regionalisierung der Energieerzeugung geht – würden in dieselbe Richtung gehen wie das „gute Leben".

Das „gute Leben" kann also eine Plattform sein, um Lösungsvorschläge (man beachte den Plural) zu diskutieren und anzuwenden: für die verheerenden Folgen des Klimawandels auf globaler Ebene, wachsende Marginalisierung und gesellschaftliche Gewalt. Die Verwirklichung des „guten Lebens", als Teil durch und durch demokratischer Prozesse, kann also sogar dabei helfen, globale Antworten auf die Probleme der Menschheit zu finden.

Der schwere Weg einer kühnen Initiative

Der Weg, den dieser Vorschlag nahm, seit er öffentlich diskutiert wird, gleicht einer Berg- und Talfahrt. Fortschritte und Rückschläge, Siege und Gegenreaktionen, Beifall und Kritik wechselten einander ab. Das Interessante – wahrhaft Interessante – war, dass diese (für einige) wahnwitzige Idee tatsächlich Anklang fand. Schon kurz nach der öffentlichen Präsentation der Initiative schnellte die Zahl der Mut machenden Stimmen in die Höhe, im Ausland noch mehr als in Ecuador selbst. Die Möglichkeit, etwas vorher scheinbar Unmögliches zu schaffen, wurde in verschiedenen Ländern auf gesellschaftlicher, parlamentarischer und Regierungsebene diskutiert. Das positive Echo vervielfachte sich schnell, handelte es sich doch um eine reale Möglichkeit, der globalen Erderwärmung zu begegnen.

Die Entwicklung in Ecuador war äußerst ambivalent. Zunächst kollidierte der Vorschlag des Ministers für Energie und Bergbau, das Erdöl im Boden zu belassen, mit der Entschlossenheit des leitenden Managers des staatlichen Erdölkonzerns Petroecuador, der das Öl so schnell wie möglich fördern wollte. Hinter dem Rücken des Ministers, der dem Direktorium von *Petroecuador* vorsaß, unterzeichnete dieser Beamte sogar verpflichtende Verträge mit verschiedenen ausländischen Unternehmen: mit den Staatskonzernen Chiles (*ENAP*) und Chinas (*SINOPEC*), sowie mit dem halbstaatlichen brasilianischen Konzern *PETROBRAS*. Es war ihm gleichgültig, ob er sich dabei über das Kohlenwasserstoffgesetz (*Ley de Hidrocarburos*) hinwegsetzte.

Diese erste Auseinandersetzung wurde am 31. März 2007 durch die Intervention Präsident Correas im Direktorium von Petroecuador beendet. Es wurde konkret beschlossen, das Öl möglichst im Boden zu belassen, sofern die Internationale Gemeinschaft wenigstens für die Hälfte des Betrags aufkommen würde, der bei der Ausbeutung der Vorkommen erzielt werden würde. Für den Fall, dass die Initiative nicht erfolgreich sein würde, wurde als zweite Möglichkeit die Förderung des Erdöls vorgesehen. Seitdem besteht der Streit zwischen diesen zwei Optionen in wechselnder Intensität latent fort. Es geht dabei um zwei unterschiedliche Standpunkte zur Erdölförderung und zur Entwicklung überhaupt.

Am 18. April 2007 verkündete die ecuadorianische Regierung durch ihren Präsidenten und auf Initiative des Ministers für Energie und Bergbau die „Politik zum Schutz der Völker in freiwilliger Isolation". Am 5. Juni wurde die ITT-Initiative offiziell im Präsidentenpalast vorgestellt und am 14. Juni umriss der Minister für Energie und Bergbau die Strategie für den Energiesektor im Energieplan 2007-2011. Dort wurden die beiden Optionen in Bezug auf ITT dargestellt. In dem Plan wurden der Inhalt und die Tragweite der Initiative zur Belassung des Erdöls im Boden genau erklärt.

Es folgte eine Etappe des Tauziehens, die Initiative erlebte Sternstunden und Momente wachsender Skepsis. Präsident Correa erntete bei der Vorstellung der Idee, das Amazonasgebiet zu schützen, um größere globale Auswirkungen für die Umwelt zu verhindern, Applaus von der UNO, der OPEC, dem Weltsozialforum und auf vielen anderen internationalen Gipfeln.

Besonders hinzuweisen ist auch auf die frühe Unterstützung der Initiative durch Deutschland. Im Juni 2008 sprachen sich Vertreter_innen aller Fraktionen des deutschen Bundestags öffentlich für die ITT-Initiative aus und forderten die Bundesregierung zu entschiedener Unterstützung auf. Diese Positionierung öffnete viele Türen. Um so mehr erstaunte die Entscheidung des Ministers für wirtschaftliche Zusammenarbeit und Entwicklung, Dirk Niebel, vom September 2010, die einen Tiefschlag für die Initiative bedeutete. Niebels Entscheidung, die Initiative nicht zu unterstützen, verringerte weltweit die Möglichkeit wirksam um Unterstützung zu werben und Förderzusagen zu bekommen, da viele potenzielle Geber_innen das deutsche Engagement für unumstößlich gehalten hatten. Diese Entscheidung schien, zumindest zeitweise, dem Geiz eines Krämers zu entsprechen und nicht der Größe eines Staatsmannes.

Gleichzeitig wurde jedoch parallel weiterhin die Möglichkeit verfolgt, zumindest einen Teil des im ITT-Gebiet gelagerten Erdöls zu fördern. Diese Möglichkeit, die Vorkommen von Tiputini und sogar von Tambococha auszubeuten, ist auf höherer Regierungsebene bis heute präsent.

Das Projekt zur Nicht-Förderung des Erdöls begann sich wieder zu konsolidieren, als im Juli 2008 eine neue Verhandlungskommission zusammentrat. Der Schritt stellte die Überwindung einer recht schwierigen Etappe ohne praktische Entscheidungen dar. Die neue Kommission formulierte in einem konkreten Programm den Willen, das Erdöl der ITT-Region nicht auszubeuten. Es wurden Kampagnenaktivitäten erarbeitet und durchgeführt, vor allem im Ausland, auch dank der finanziellen Unterstützung durch die deutsche GTZ und die Technische Entwicklungszusammenarbeit Spaniens.

Einige Monate darauf, im Dezember 2008, wurde die Initiative durch die Ernennung eines dem Anliegen verpflichteten Außenministers deutlich gestärkt. Später, im Februar 2009, wurde schließlich ein unbefristeter Zeitrahmen für die Akquise der erforderlichen Mittel festgelegt und der Außenminister mit der Fortführung der Aktivitäten betraut. Die Entscheidung für diesen unbefristeten Zeitraum war von besonderer Bedeutung, da sie die permanente Unsicherheit durch die vom Präsidenten immer wieder neu ausgegebenen unvorhersehbaren Fristen beendete. Und die Initiative benötigte für ihre Entwicklung vor allem Raum und Zeit.

Im Jahr 2010 formulierte die ecuadorianische Regierung schließlich, welchem Zweck die Renditen aus dem Treuhandfonds dienen sollten, der für die Nicht-Ausbeutung des ITT-Gebiets eingerichtet wurde und der von der UNO kontrolliert werden soll. Es wurden fünf Ziele festgehalten: Transformation des Energiemodells durch Entwicklung des Potenzials der in Ecuador verfügbaren alternativen Energiequellen, Bewahrung der Schutzgebiete, Wiederaufforstung, nachhaltige soziale Entwicklung insbesondere in der Amazonasregion sowie Investitionen in technologische Forschung.

Bei den Untersuchungen zur Abschätzung der durch diesen Vorschlag im Vergleich zur Erdöl-Förderung erwarteten Gewinne, stellten sich ermutigende Ergebnisse ein. Selbst wenn man die enormen ökologischen und sozialen Kosten der Erdölförderung und die großen Vorteile, die Ecuador aus der Umsetzung dieses revolutionären Vorschlags entstehen würden, außer acht lässt, ist die Option der Nicht-Förderung einträglicher als die Ausbeutung. Mehr noch, es würde ein Szenario entstehen, von dem (fast) alle profitieren, Ecuador wie der Rest der Internationalen Gemeinschaft.

Die von der Regierung nach der Bildung der neuen Kommission initiierten/ ausgeführten Tätigkeiten wurden positiv aufgenommen. Die Tragfähigkeit des

Vorschlags schien in greifbare Nähe gerückt zu sein. Und die internationalen Reaktionen ließen nicht auf sich warten. Mehrere Länder begannen ernsthaftes Interesse zu signalisieren.

Auch in der Zivilgesellschaft entwickelte sich eine interessante Debatte, die immer mehr an Intensität und Tiefe gewann. Es wurden diverse Dokumente und Beiträge aus unterschiedlichen Bereichen der Gesellschaft eingebracht, sowohl in Ecuador als auch im Ausland. Dank dieser Debatte gelang es, über den ursprünglichen Vorschlag von Entschädigungen oder internationalen Spenden noch hinauszugehen und stattdessen die Idee internationaler Beiträge zu entwerfen, die auf der gemeinsamen, aber differenzierten Verantwortlichkeit als Grundprinzip globaler Umweltgerechtigkeit basiert. Die Diskussion brachte auch zu Tage, dass es viele verschiedene Finanzierungsoptionen gab.

Eine im eigenen Erfolg gefangene Initiative

Als das Projekt deutliche Anzeichen für einen Erfolg zeigte, versetzte ihm ausgerechnet Präsident Correa einen schweren Schlag. Obwohl er als einziger Regierungschef der Welt über einen konkreten bahnbrechenden Vorschlag zur Bekämpfung der Klimaerwärmung verfügte, blieb er ohne nachvollziehbaren Grund der im Dezember 2009 in Kopenhagen abgehaltenen UN-Klimakonferenz COP-15 fern. Zudem änderte er, nachdem er seine Vollmacht für eine Unterschrift unter den internationalen Treuhandfonds-Vertrag auf dem Gipfel bereits gegeben hatte, im letzten Moment seine Meinung. Tage später, Anfang Januar 2010, gab er eine verfehlte Erklärung ab, mit der er selbst die möglichen Geber_innen des Yasuní-ITT-Fonds angriff sowie die Auflösung der Verhandlungskommission und sogar den Rücktritt seines Außenministers auslöste.

In der Folge starteten die vermeintlich ruhigen Repräsentant_innen und Winkeladvokat_innen der Ölkonzerne eine groß angelegte Desinformations- und Verleumdungskampagne gegen die Initiative. Die Entgleisung von Präsident Correa hatte internationale Wirkung. Er hatte – bewusst oder unbewusst – die Glaubwürdigkeit der Initiative beschädigt und ihren Fortgang ausgebremst, was negativ auf die revolutionäre Idee zurückfiel.

Paradoxerweise führten die Äußerungen des Präsidenten und die dadurch ausgelösten Reaktionen dazu, dass in Ecuador viele Menschen erstmals von der Initiative erfuhren. Die unterstützende Haltung der Bevölkerung stellte einen Warnruf dar.

Die neue Verhandlungskommission war nicht mehr so gewichtig und profiliert wie die vorherige. Die mit der Leitung der internationalen Verhandlungen betraute Person, Ivonne Baki, verfügt über keinerlei Erfahrungen im Umweltbereich und hat zudem eine umstrittene politische Vergangenheit. Sie soll die Interessen von Texaco verteidigt haben und war eine große Fürsprecherin des Freihandelsvertrags mit den USA, der aufgrund der starken Proteste der Bevölkerung nicht zustande kam. Ende 2011 präsentierte Baki eine Liste möglicher Geldgeber_innen, die für eine Summe von 116 Millionen US-Dollar aufkommen würden, von denen jedoch weniger als 2,5 Prozent in effektiven Zahlungen bestanden. Die Liste enthält sogar einen Beitrag der deutschen Bundesregierung in Höhe von knapp 47 Millionen US-Dollar, der ausdrücklich nicht für den Yasuní-ITT-Fonds, sondern für andere Projekte im Amazonasgebiet vorgesehen ist. Ein weiterer Betrag von 50 Millionen US-Dollar besteht in einer Umschuldung der italienischen Regierung und beinhaltet eine als illegitim angesehene Schuld.

Der Verdacht wurde laut, dass die Erdölindustrie eine herrschende Position zurückerobert hatte. Gewiss ist, dass der Erfolg der Yasuní-ITT-Initiative, der bei ihrer offiziellen Präsentation 2007 nicht absehbar gewesen war, mit zunehmender Konsolidierung massive Gegenreaktionen hervorrief. Man könnte behaupten, dass der Erfolg der Initiative selbst neue, schwere Gefahren heraufbeschworen hat. Es besteht kein Zweifel daran, dass die Initiative weiterhin durch Correas Zweifel und Unsicherheit sowie den andauernden Druck der Ölkonzerne bedroht ist. Denn die Initiative übersteigt die Verständnis- und Handlungsfähigkeit des Präsidenten.

Mehrere Bedrohungen schweben über Yasuní

Es werden also nach wie vor klare Signale an die Politik zur Umsetzung des Vorschlags erwartet. Es bedarf kohärentem und konsistentem Handeln auf Regierungsebene. Unabdingbar ist, dass die potenziellen Geber_innen Vertrauen in den Treuhand-Fonds haben können, ohne dass dabei die Souveränität Ecuadors angetastet würde. Dieses Gleichgewicht zwischen Vertrauen und Souveränität, um sicherzustellen, dass die Mittel gemäß den Plänen der ecuadorianischen Regierung verwendet werden, ist essenziell.

Doch auch wenn der Treuhand-Fonds wichtig ist, reicht er nicht aus.

Präsident Correa muss die durch ihn selbst verursachten Probleme wieder in Ordnung bringen. An ihm liegt es, erneut und deutlicher unter Beweis zu stellen, dass er die Initiative unterstützt. Es wäre gut, wenn er formell erklären würde, während seiner Amtszeit keiner Ölförderung im ITT-Gebiet zuzustimmen. Dies würde einen stabilen Zeitrahmen für Verhandlungen ermöglichen. Ebenso sollten Förderaktivititäten an den Grenzen der ITT-Region nicht toleriert werden, was den absoluten Respekt vor den indigenen Völkern in freiwilliger Isolation im gesamten Amazonasgebiet einschließen würde. Auch sollte die Regierung sich den anderen Bedrohungen des Nationalparks Yasuní entgegenstellen: der Entwaldung und illegalem Holzraubbau, den von Konzentration und Kontamination geprägten Monokulturen in der Landwirtschaft, unkontrollierten Siedlungsaktivitäten, illegalem Tourismus und der multimodalen Achse Manta-Manaus im Rahmen der Initiative zur Regionalen Infrastrukturintegration Südamerikas (IIRSA), durch die die Amazonasregion in hohem Maße betroffen sein wird[2]. Zudem müssen die Aktivitäten in den angrenzenden Blöcken des Erdölkatasters kontrolliert werden, ebenso die für die in der Nähe gelegenen Erdöl-Projekte gebauten Straßen, durch welche all den oben genannten schädlichen Tätigkeiten Tür und Tor geöffnet wird.

Zusätzlich sollte auch Block 31 dem ITT-Gebiet angegliedert werden. In dem Block, der im Westen an die ITT-Region angrenzt, lagert wenig Erdöl minderer Qualität, dessen Rentabilität nur durch die Ausbeutung des ITT gewährleistet wäre. Es wäre auch wichtig, im Osten, auf peruanischem Gebiet, die Möglichkeit für einen solchen Schritt für die angrenzenden Blöcke auszuloten, in denen sich weitere Vorkommen in Höhe eines knappen Drittels des auf ecuadorianischer Seite gelagerten Erdöls befinden. Durch eine solche Ausdehnung würde ein noch viel größeres zusammenhängendes Gebiet mit größter Biodiversität geschaffen, in dem auch nicht-kontaktierte Völker leben. All diese Blöcke zusammen mit dem unberührbaren Gebiet im Süden des Nationalparks Yasuní würden ein wichtiges Schutzgebiet darstellen.

Die Initiative ist vermutlich der beste Ansatz zur Bekämpfung der globalen Erderwärmung, da sie die gemeinsamen und differenzierten Verantwortlichkeiten für den Übergang zu einer nicht Erdöl-gebundenen Ökonomie und

---

[2] Das Projekt wurde während der neoliberalen Phase zur Förderung der transnationalen Integration der Region entwickelt und wird auch von den „progressiven" Regierungen weiterverfolgt.

Energienutzung definiert. Aufgrund der (fehlenden) Logik der Kohlenstoffmärkte konzentrierte sich die Initiative auf das Erdöl. In Anlehnung an die Klimageschäfte im Rahmen des neoliberalen Emissionsrechtehandels wurde dafür ein ähnliches Modell ökologischer Schulden vorgeschlagen, bei dem die Industriestaaten die Schuldner sind.

Eine weitere Bedrohung der Initiative besteht in einem möglichen marktförmigen Ansatz für ihre Finanzierung. Es ist besorgniserregend, dass einige Regierungsvertreter_innen in Ecuador, in Übereinstimmung mit internationalen Befürworter_innen der Merkantilisierung, für eine Finanzierung durch die Kohlenstoffmärkte eintreten. Bei der Finanzierung der Initiative auf REDD („Modell zur Verringerung von Emissionen aus Entwaldung und zerstörerischer Waldnutzung") als Option für den Markt zu setzen, und nicht auf ITT, als Option für das Leben, und damit den Kohlenstoffzyklus in die Diskussion zu bringen, ist eine bedenkliche öffentliche Positionierung. Der Kohlenstoff des Erdöls lässt sich nicht mit dem der Wälder vergleichen. Der erste unterliegt geologischen, der zweite biologischen Zeiträumen. Das marktförmige REDD-Modell schätzt den pflanzlichen Kohlenstoff der Wälder im Rahmen eines Szenarios des An- und Verkaufs von Kohlenstoffspeichern, so wie bei dem Mechanismus für umweltverträgliche Entwicklung im Emissionshandel.

Die Yasuní-ITT-Initiative zielt auf die Vermeidung solcher Emissionen ab und stellt damit die Logik bisheriger Klimaschutzpolitik in Frage. Wer die REDD-Projekte befürwortet, weiß nichts über ihre negativen Folgen für indigene Gemeinschaften, ihre Territorien, ihre Ökonomien und Kulturen. Mit der Einführung von REDD wird der Schutz der Wälder in die Sphäre der Geschäftswelt überführt. Mit REDD erfolgt die Kommerzialisierung und Privatisierung von Luft, Wäldern, Bäumen und der Erde insgesamt. Die Kolonisierung durch das Kapital wird so noch weiter ausgedehnt. In gewisser Weise frisst die Schlange des Kapitalismus damit immer weiter ihren eigenen Schwanz. Es ist der Beleg dafür, dass der Kapitalismus als Zivilisation der Ungleichheit von seinem Wesen her plündernd und ausbeuterisch ist; eine Zivilisation, die „davon lebt, das Leben und die Sphäre des Lebens auszulöschen" (Echeverría 2010). Die zunehmende Inwertsetzung der Natur ist letztlich ein Akt der Blindheit gegenüber der Dringlichkeit, den Weg zu einer anderen Zivilisation einzuschlagen. Und der Handel, wie Rosa Luxemburg richtig verstand, bleibt eine bedeutende Quelle der Bereicherung und Akkumulation.

In der Tat dehnen sich die Kohlenstoffmärkte, angetrieben von der Gier der Kapitalakkumulation, immer weiter aus. Diese Märkte dehnen sich zu einer Blase, ähnlich der Immobilienblase, die zum jüngsten Zusammenbruch der Finanzwelt mit globalen Folgen führte. Ein zentrales Merkmal dieser neuen Blase ist, dass auf den Kohlenstoffmärkten ein wenig greifbares Gut gehandelt wird.

Der Kapitalismus kolonisiert das Klima und stellt damit seinen erstaunlichen und abartigen Erfindungsreichtum bei der Suche und dem Finden neuer ausbeutbarer Sphären unter Beweis. Durch diese extreme neoliberale Übung, der sich auch die „progressiven" Regierungen Lateinamerikas nicht entziehen, werden die Kapazitäten von Mutter Erde zu einem Geschäft über den Kohlenstoffkreislauf. Besorgniserregend ist, dass die Atmosphäre immer mehr zu einer neuen Ware gemacht wird – konzipiert, reguliert und verwaltet von denselben Akteuren, die die Klimakrise verursacht haben, und nun über ein ausgefeiltes finanzwirtschaftliches und politisches System von den Regierungen Subventionen erhalten. Es sei daran erinnert, dass dieser Prozess der Klimaprivatisierung in der Zeit des Neoliberalismus angestoßen wurde, von der Weltbank, der Welthandelsorganisation und weiteren internationalen Organisationen.

Die Geschichte der Kohlenstoffmärkte begann mit dem Cap-and-Trade-Ansatz, der eine Obergrenze für Emissionen und den Tausch von Emissionsrechten vorsah. Die vermeintlichen Obergrenzen, die den kontaminierenden Industrien von den Regierungen auferlegt wurden, entwickelten sich, wie man gesehen hat, statt zu einem Instrument der Emissionsreduktion vielmehr zu einem Stimulus für noch mehr Kontamination. Nach nicht unbedeutender vorheriger Einflussnahme verteilen die Regierungen nun Emissionsrechte praktisch kostenlos und in vielen Fällen mit Obergrenzen, die über den realen Emissionen liegen, wodurch die großen Umweltverschmutzer_innen noch belohnt werden, indem sie überschüssige Emissionsrechte verkaufen können.

Gleichzeitig wurde ein komplexes Finanzsystem entwickelt, in dem ein Gegenwert für CO_2 festgelegt wurde. So entstanden die Kohlenstoffmärkte, mit einer Reihe verfälschter Äquivalenzrelationen zwischen Industrieemissionen und Aufnahme von Kohlenstoff durch die Ökosysteme.

Zusammenfassend lässt sich sagen, dass das System der REDD-Projekte nicht die auf den Weltmarkt gerichtete massive und plündernde Extraktion von Rohstoffen verhindert, die nicht nur zu Unterentwicklung, sondern auch zu der globalen Umweltkrise führt. Im Gegenteil: Diese Umweltmärkte dürften in der Praxis als Anreiz dafür dienen, dass Gemeinschaften extraktivistische Tätigkeiten zulassen, die andernfalls in ihren Territorien abgelehnt würden. Diese erneuerte Marktlogik erinnert an den Geist der Glasperlen, mit denen die europäischen Kolonialmächte ihren Eroberungsfeldzug in Amerika begannen.

Die unstrittigen Erfolge eines unvollendeten Projekts

Im Kampf gegen die bestehenden Bedrohungen, die von der Inkohärenz der ecuadorianischen Regierung[3] und der Gier der Vertreter_innen der Erdölinteressen ausgehen, hat die Initiative schon vor ihrer Umsetzung einige zufriedenstellende Ergebnisse gebracht. Das Thema wurde in all seinen Facetten auf nationaler und sogar internationaler Ebene diskutiert.

Innerhalb Ecuadors gibt es Stimmen, die mit gewichtigen Argumenten dafür eintreten, dass das Erdöl im Boden bleibt, auch wenn es nicht gelingen sollte, die internationalen Ausgleichszahlungen zu erhalten. Diese dritte Option könnte durch die rigorose Interpretation der Verfassung umgesetzt werden: Eine Erdölförderung im besagten Gebiet kann nur auf begründeten Antrag des Präsidenten aufgenommen werden, nachdem die Nationalversammlung sie zum nationalen Interesse erklärt hat und das Thema in diesem Fall einer Volksabstimmung unterziehen könnte. Das letzte Wort wird also die ecuadorianische Bevölkerung haben.

Unter diesen Umständen muss die Zivilgesellschaft Wachsamkeit beweisen. Es muss absolut klar sein, dass eine wirkliche Erfolgsgarantie für die Yasuní-ITT-Initiative, die das Leben in dieser Amazonasregion bewahrt, im Engagement der Zivilgesellschaften Ecuadors und der Welt liegt, die aufgefordert sind, sich dieses Projekt des Lebens zu eigen zu machen. Es müssen die nationalen und internationalen Bedingungen verändert werden, die von den Erdölinteressen beherrscht sind – bereit, alles zu tun, um das innovative Potenzial dieses revolutionären Vorschlags zu unterdrücken.

Dieses Erdöl, das für Ecuador ein Fünftel seiner Ölreserven darstellt und von

---

[3] Es ist wahrscheinlich, dass die Regierung irgendwann, je nach politischer Lage, das Scheitern des Projekts beschleunigt, unter dem Vorwand, die neue vom Präsidenten eingesetzte Verhandlungskommission habe letztlich nichts erreichen können. Das Scheitern könnte auch den entwickelten Ländern oder sogar den Umweltschützer_innen angelastet werden, da sie nicht die erforderlichen Mittel akquirieren konnten.

der Menschheit in kaum neun Tagen aufgebraucht sein würde, nicht zu fördern, würde die unabdingbare Wiederbegegnung des Menschen mit der Natur ermöglichen und den Weg hin zu einer Energiewende eröffnen: die Überwindung des fossilen Zeitalters, dessen biophysikalische Grenzen bereits absehbar sind. Durch die Aufgabe engstirniger und egoistischer Positionen, ist darauf zu hoffen, dass viele Initiativen dieser Art in der ganzen Welt entstehen. Die Losung muss heißen: „Schafft zwei, drei, viele Yasunís!"

Literatur

Acosta, Alberto; Eduardo Gudynas; Esperanza Martínez & Joseph Vogel (2009): *Dejar el crudo en tierra o la búsqueda del paraíso perdido - Elementos para una propuesta política y económica para la iniciativa de no explotación del crudo del ITT*.

Acosta, Alberto (2009): *La maldición de la abundancia*; Quito: CEP, Swissaid y Abya-Yala.

Altvater, Elmar (2004): „La ecología de la economía global"; In: Mehrere Autoren: *La Globalización: La euforia llegó a su fin*; Quito: Abya-Yala, Foros Ecología y Política, Nr. 2.

Correa, Rafael (2007): *Política de protección a los pueblos en aislamiento voluntario*; Quito: 18. April.

Echeverría, Bolívar (2010): *Modernidad y Blanquitud*; Mexiko: Editorial ERA.

Fander, Falconí et al. (2001): „Deuda externa: rompiendo mitos"; In: *CDES, suplemento*, Quito, 29. November.

Gudynas, Eduardo (2009): *El mandato ecológico - Derechos de la naturaleza y políticas ambientales en la nueva Constitución*: Quito: Abya-Yala.

Luxemburg, Rosa (1972): Einführung in die Nationalökonomie, spanische Ausgabe: *Introducción a la Economía Política*, Cuadernos de pasado y presente, Mexiko: Siglo XXI Editores.

Martin, Pamela (2011): *Oil in the Soil: The Politics of Paying to Preserve the Amazon*; Maryland: Rowman & Littlefield Publishers, Inc.

Martínez, Esperanza (2009): *Yasuní. El tortuoso camino de Kioto a Quito*; Quito: CEP & Abya-Yala.

Martínez, Esperanza & Alberto Acosta (2010): *ITT-Yasuní Entre el petróleo y la vida*; Quito: Abya-Yala.

Ministerio de Relaciones Exteriores y Ministerio del Ambiente (2009): *Yasuní - ITT. Una Iniciativa para cambiar la historia*; Quito.

Oilwatch (2006): *Asalto al paraíso: empresas petroleras en áreas protegidas*; Quito.

Oilwatch (2005): *Un llamado eco-lógico para la conservación, el clima y los derechos*; Italien: Documento de posición Montecatini, Juni.

Verfassung der Republik Ecuador, Montecristi, 2009.

Versch. Autoren (2006): *Plan de Gobierno del Movimiento País 2007-2011*; Quito.

Versch. Autoren (2000): *El Ecuador post-petrolero*; Quito: Oilwatch, Acción Ecológica & ILDIS.

Villavicencio, Arturo & Alberto Acosta [Hg.] (2007): *Agenda Energética 2007-2011*; Quito: Ministerio de Energía y Minas.

Vogel, Joseph Henry (2009): *The Economics of the Yasuní Initiative. Climate Change as if Thermodynamics Mattered*; UNDP, New York: Anthem Press.

Anmerkung

Dem Beitrag liegen verschiedene Arbeiten des Autors zum Thema zugrunde, die für diesen Band aus dem Spanischen übersetzt wurden.

Sieg der Marktlogik

Das Yasuní-Projekt und die deutsche Politik

Miriam Lang

Auf dem G8-Gipfel in Heiligendamm im Sommer 2007 kündigte Kanzlerin Angela Merkel große Klimaschutzinitiativen an. Kurz davor hatte die neugewählte Regierung Ecuadors den Vorschlag öffentlich gemacht, das Öl im megadiversen Nationalpark Yasuní im Boden zu belassen. Ecuador appellierte an eine gemeinsame Verantwortung der Staatengemeinschaft für den Klimaschutz und den Erhalt des Amazonasgebiets – daher der Vorschlag, die Industrieländer sollten die Hälfte der zu erwartenden Einnahmen aus der unterbleibenden Ölförderung in einen Fonds einzahlen.

Im Mai 2008 fand in Bonn die 9. Vertragsstaatenkonferenz zur biologischen Vielfalt statt. Auch bei diesem Anlass waren zahlreiche Absichtserklärungen von deutschen Politiker_innen zu vernehmen. Wenige Wochen später, am 25. Juni, fand im Bundestag eine ungewöhnliche Sitzung statt: Auf Initiative der Grünen brachten alle Parteien mit Ausnahme der Linken – die vermutlich aus traditionellem Antikommunismus nicht dazu eingeladen worden war – einen gemeinsamen Antrag zur Unterstützung der ecuadorianischen Initiative ein. Der SPD-Abgeordnete Sascha Raabe sprach von einem „entwicklungspolitisch und ökologisch revolutionären Vorschlag" und wollte ähnliche Projekte in anderen Urwaldgebieten anregen, beispielsweise in Indonesien. Sowohl er als auch Annette Hübinger (CDU) stellten eine Führungsrolle Deutschlands bei den zu erwartenden internationalen Verhandlungen in Sachen ITT-Yasuní in Aussicht, um auch andere EU- und OECD-Staaten zum Mitmachen zu bewegen. Angelika Brunkhorst (FDP) meinte: „Wir können nicht erwarten, dass die mit einer reichen Artenvielfalt gesegneten, aber wirtschaftlich vergleichsweise armen Länder ohne Gegenleistung auf wirtschaftliche Entfaltungsmöglichkeiten verzichten", womit sie ebenfalls für einen finanziellen Beitrag der Bundesrepublik plädierte. Auch die Linkspartei unterstützte den Antrag, der im Bundestag schließlich einstimmig angenommen wurde. Als 2009 der ecuadorianische Außenminister Fander Falconí den deutschen Bundestag über den Stand der Initiative informierte, sicherten alle Bundestags-Parteien dem Yasuní-Projekt weiterhin ihre Unterstützung zu. Von der großen Koalition waren dem Projekt jährlich 50 Millionen Euro in Aussicht gestellt worden.

Es gab allerdings noch viele Fragen bezüglich der konkreten Umsetzung, die in einen ausgedehnten Briefwechsel zwischen der deutschen und der ecuadorianischen Regierung mündeten. Viel Zeit sollte auch von ecuadorianischer Seite vergehen, bis der vom Entwicklungsprogramm der Vereinten Nationen (UNDP) zu verwaltende Fonds im August 2010 schließlich eingerichtet und die entsprechenden Regularien offiziell gemacht wurden. Anstatt der Initiative seinen vollen politischen Rückhalt zu geben, setzte der ecuadorianische Präsident Rafael Correa immer wieder Fristen, verbunden mit der Drohung, wenn bis dahin keine Finanzzusagen in ausreichender Höhe eingegangen seien, werde das Öl im Yasuní doch gefördert. Man kann darüber streiten, ob dieser anhaltende politische Druck der Initiative mehr genutzt oder ihr vielmehr geschadet hat, weil er bei potentiellen Geber_innen Zweifel an der Nachhaltigkeit des ecuadorianischen Vorschlags weckte.

Nicht nur in der ecuadorianischen Bevölkerung – die laut Meinungsumfragen mit großer Mehrheit eine Ausbeutung des Öls im Yasuní ablehnt – hatte die Initiative eine große Ausstrahlungskraft. Auch in der deutschen Zivilgesellschaft begannen zahlreiche Organisationen, Institutionen und Initiativen, sich für den Erhalt des Yasuní zu engagieren, darunter BUND, Klimabündnis, Klimaallianz Deutschland, die Stadt Hannover, Rettet den Regenwald e.V., das Forschungs- und Dokumentationszentrum Chile Lateinamerika (FDCL), Deutscher Naturschutzring und andere mehr schlossen sich in einem Netzwerk zusammen (www.saveyasuni.eu), um für die deutsche Unterstützung für das Projekt zu werben und die Politik hierin kritisch zu begleiten. Später wurden von dem Netzwerk auch private Unterschriften- und Spendenkampagnen für Yasuní durchgeführt, die auf ein unerwartet positives Echo seitens der Bevölkerung stießen, sowie Aktionen an Schulen, in Betrieben und auf der Straße. Das Netzwerk wird zudem von Prominenten wie Heiner Geißler, Frank

Bsirske und der ehemaligen Entwicklungsministerin Heidemarie Wieczorek-Zeul unterstützt.

Was macht die Yasuní-Initiative in Deutschland politisch so attraktiv? Gegenüber der Misere der jährlichen Klimaverhandlungen und dem faktischen Scheitern der Biodiversitätskonvention, des Kyoto-Protokolls und der in Rio 1992 verkündeten Nachhaltigkeitsstrategien, handelt es sich hier um einen ganz konkreten Vorschlag, einen Schritt in Richtung Klimagerechtigkeit zu tun. Der globale Norden wird damit einem kleinen Teil seiner historischen Verantwortung gerecht, seinen Wohlstand auf der einseitigen Ausbeutung von Ressourcen aus dem Süden aufgebaut und durch seine ungehemmte Industrialisierung und seinen Wachstum die Klimakrise provoziert zu haben. Die Yasuní-Initiative steht zudem endlich für eine Logik, die nicht den Profit, sondern den Erhalt des Lebens in den Vordergrund stellt – eine Logik, die die Bedürfnisse künftiger Generationen und die Endlichkeit unseres Planeten wahrnimmt und in ihrer Bedeutung vor das schnelle Geld stellt, das menschliches Handeln heutzutage in so erdrückender Weise bestimmt. Revolutionär ist an dem Vorschlag auch, dass er von einem geopolitisch recht unbedeutenden Entwicklungsland aus dem Süden wie Ecuador formuliert wurde, das damit in einer Zeit des allgemeinen Zauderns international eine Vorreiterrolle in konkretem, praktischem Natur- und Klimaschutz einnahm.

Die schwarz-gelbe Koalition, personifiziert in Entwicklungsminister Dirk Niebel (FDP), sollte dieser Aufbruchstimmung jedoch ein jähes Ende bereiten. Im September 2010 verkündete der Minister, man werde eine Einzahlung in den von Ecuador nun eingerichteten Yasuní-Fonds „nicht in Betracht ziehen".[1] Ohne die politische Tragweite der Initiative auch nur im Ansatz zu erkennen, argumentierte er rein betriebswirtschaftlich, die ecuadorianische Initiative weise keine komparativen Vorteile gegenüber anderen Ansätzen auf, wie dem UN-Waldschutzprogramm REDD („Modell zur Verringerung von Emissionen aus Entwaldung und zerstörerischer Waldnutzung"), und könne womöglich einen Präzedenzfall schaffen. Diese kleingeistige Haltung des Ministers traf nicht nur auf breites Unverständnis in den Medien und provozierte Protestaktionen. Selbst bei den Entwicklungspolitiker_innen des Koalitionspartners CDU-CSU machte sich Niebel mit dieser Haltung keine Freund_innen: So-

---

[1] Brief von Minister Niebel an die Grüne MdB Ute Koczy vom 14.09.2010.

wohl Unionsfraktionsvize Christian Ruck als auch die Bundestagsabgeordnete Hübinger kritisierten seine Weigerung, den erklärten Willen des Parlaments umzusetzen. Hübinger zufolge schaffe dies „eine sehr schwierige Situation". „Man wird einfach abgebügelt", klagte sie gegenüber der Tageszeitung taz (Repinski 2011).

Doch während die ehemalige Entwicklungsministerin Heidemarie Wieczorek-Zeul weiterhin von einem „beispielhaften Projekt" sprach, hielt ihr Nachfolger an seiner Kehrtwende fest. Auch die Tatsache, dass UN-Generalsekretär Ban Ki Moon das Thema Yasuní im September 2011 auf die Tagesordnung der UN-Vollversammlung setzte und die Initiative auf internationaler Ebene Unterstützung von Prominenten wie Al Gore, Woody Allen, Edward Norton, Leonardo Di Caprio und sogar dem ehemaligen Weltbankchef James Wolfensohn erfuhr (Neuber 2011), konnte Niebel nicht umstimmen. Das Bundesministerium für wirtschaftliche Zusammenarbeit und Entwicklung (BMZ) insistierte, es sei zwar für Waldschutz, aber ausschließlich dann, wenn dieser im Rahmen des UN-Programms REDD+ stattfinde.

Am 23. September 2011 stellte Dirk Niebel in der taz nochmals seine Position dar: „Erhalt von Biodiversität, Umwelt- und Klimaschutz haben für die deutsche Entwicklungspolitik einen hohen Stellenwert. Allein in Lateinamerika setzen wir dafür jährlich rund 120 Millionen Euro ein. In unserer Zusammenarbeit haben wir viele Erfahrungen gewonnen. Eine wichtige ist: Nicht alles, was gut gemeint ist, funktioniert auch gut."

Als Positivbeispiel im Gegensatz zur Yasuní-Initiative nannte Niebel den brasilianischen Amazonienfonds, der im Rahmen des UN-REDD-Programms funktioniert: „Die Höhe der Mittel, die jedes Jahr aus dem Amazonienfonds für Entwaldungsbekämpfung gezogen werden dürfen, bemisst sich an der Entwaldungsrate. Geht sie im Vergleich zu einem Referenzwert zurück, werden Gelder in den Fonds eingezahlt. Nimmt die Entwaldung zu, gibt es keine Einzahlung. Die Höhe der Gelder, die eingeworben werden, berechnet sich also aus der reduzierten Entwaldungsrate im Amazonasregenwald. Die Überprüfung der erreichten Wirkungen wird über eine satellitengestützte Entwaldungsstatistik sichergestellt. Der Mechanismus belohnt Handeln, und er bemisst sich an konkreten Wirkungen. [...] Deshalb schaffe ich ganz bewusst keinen Präzedenzfall, der in immer neue Forderungen mündet, finanzielle Mittel zum Unterlassen von Umweltschädigungen bereitzustellen – genauso, wie ich nicht einen Fonds als Belohnung dafür einrichte, dass vor Somalia keine Schiffe mit Lebensmitteln mehr von Piraten überfallen werden. [...] Wir haben der ecuadorianischen Regierung deshalb vorgeschlagen, den Rahmen des bestehenden REDD-Engagements in Ecuador auf die Region Yasuní auszudehnen"(Niebel 2011).

Was hat es jedoch mit dem REDD-Programm auf sich, das Dirk Niebel so sehr am Herzen liegt? Es basiert auf einem umstrittenen theoretischen Modell, das die Funktion von Wäldern als Kohlenstoffspeicher wirtschaftlich anerkennt und dem in Wäldern enthaltenen Kohlenstoff einen monetären Wert zuweist. Damit verbunden ist die Hoffnung, die Entwaldung insbesondere von Tropenwäldern durch finanzielle Anreize zu reduzieren – also wird, genau wie Dirk Niebel es nach eigenen Worten ablehnt, dafür bezahlt, dass etwas unterlassen wird.

REDD+ schließt neben der vermiedenen Entwaldung, die in Geld umgerechnet wird, zudem den aktiven Schutz der Ressource Wald als Kohlenstoffspeicher durch nachhaltiges Management ein. Die praktische Umsetzung soll im Kontext der internationalen Klimaverhandlungen auf der Grundlage des Kyoto-Protokolls stattfinden. Derzeit erhalten 14 Staaten UN-Mittel, darunter auch Ecuador, um unter den von FAO, UNDP und UNEP gesetzen Rahmenbedingungen nationale Programme zu entwickeln. Allerdings befinden sie sich zumeist noch in einer Vorbereitungsphase („Readiness for REDD"), und unterschiedliche Akteure ringen auf internationaler Ebene noch um verschiedene Modelle. Hierbei steht unter anderem zur Diskussion, ob REDD die Kompensation für den Erhalt der Wälder über den Emissionshandel finanziert, oder aber über spezielle internationale oder nationale Fonds. So eindeutig, wie es bei Dirk Niebel klingt, ist die Sache also in der Praxis noch lange nicht. Und sie ist in ihren konkreten Auswirkungen extrem umstritten.

Ohne Zweifel ist REDD einer der derzeit wichtigsten Vorstöße zur Merkantilisierung der Natur – insofern verfolgt REDD genau die umgekehrte Logik wie die ecuadorianische Yasuní-Initiative. Nicht Geld und Profit werden dem Leben untergeordnet, sondern Wald, also das Leben, wird in die Logik der Finanzmärkte integriert und zur profitablen Ware gemacht. Eine Logik, die dem FDP-Technokraten Niebel, der Entwicklungshilfe ohnehin als Wirtschaftsförderung und Erweiterung der Märkte für Deutschland versteht, sehr gelegen kommt.

Der Durban Group for Climate Justice zufolge ist REDD als Instrument zum Klimaschutz nicht geeignet, da es nicht zum prioritären Inhalt hat, fossile Treibstoffe ungefördert im Boden zu lassen, sondern im Gegenteil den industrialisierten Ländern eine Lizenz zum Weiterverschmutzen gibt, indem sie über REDD Verschmutzungsrechte erwerben können. REDD diene vielmehr der weiteren festen Verankerung des Verbrauchs von fossilen Brennstoffen – der Hauptursache der Klimakrise – und versäume es zugleich, die Zukunft der Wälder und die Rechte der indigenen Völker und waldabhängigen Gemeinschaften über ihre Territorien und ihr Wissen über den Wald zu gewährleisten. Was bei REDD unhinterfragt bleibe sei, dass das hohe Konsumniveau und der extreme hohe Rohstoffbedarf in den nördlichen Industrieländern wichtige Ursachen der Entwaldung im Süden sind. Insofern sei REDD ein Mechanismus, der es den nördlichen Industriestaaten erlaube, wie gewohnt weiterzumachen und Emissionsreduzierungen zuhause zu vermeiden.

„Die neuen Verschmutzungslizenzen, die durch REDD generiert werden sollen, sind in einer Art und Weise konzipiert, die die einzige funktionsfähige Lösung des Klimawandels blockieren: Öl, Kohle und Gas müssen in der Erde bleiben. Wie die Emissionszertifikate, die durch den Clean Development Mechanism (CDM) des Kyoto-Protokolls generiert werden, sind sie nicht dafür vorgesehen, irgendeinen Nettogewinn für das Klima zu erreichen, sondern lediglich dafür, den exzessiven fossilen Brennstoffverbrauch woanders zu kompensieren. In Wirklichkeit schaffen sie es nicht einmal, dieses Nullsummenspiel zu erfüllen. Wie die CDM-Zertifikate verschlimmern sie den Klimawandel, indem sie industrialisierten Ländern und deren Firmen Anreize schaffen, die Durchführung eines umfassenden strukturellen Wandels von fossiler Energie abhängigen Systemen der Produktion, des Verbrauchs und des Transports, den das Klimaproblem verlangt, zu verzögern. Sie verschwenden jahrelang wertvolle Zeit, die die Welt nicht mehr hat." [2]

Pikant ist darüber hinaus, dass die UN in ihrer Definition von schützenswertem Wald keinen Unterschied macht zwischen gepflanzten Monokulturen wie Palmöl-, Eukalyptus- oder Teakplantagen und mega-biodiversem Primärwald – schließlich enthalte beides gleichermaßen Kohlenstoff – und REDD damit

---

[2] Siehe: www.pro-regenwald.de/news/2010/02/07/Fundamentalkritik_an (Zugriff: 01.02.2012).

womöglich die Umwandlung von Urwäldern in solche doppelt profitablen Plantagen sogar befördert (Lohmann 2012).

Ein weiterer schwerwiegender Kritikpunkt bezieht sich auf die Rechte indigener Gruppen, die das BMZ nach Aussage von Minister Niebel fördern will. Mehrere indigene Zusammenschlüsse auf nationaler und internationaler Ebene haben sich nämlich sehr deutlich gegen REDD und REDD+ ausgesprochen.[3] Ihr wichtigstes Argument ist, dass die von der UNO verbrieften kollektiven Landrechte der Ureinwohner_innen mit der Unterzeichnung von REDD-Verträgen verpfändet werden. Teils werden diese Verträge mit Einzelpersonen abgeschlossen, ohne dass die Gemeindeversammlung darüber befunden hat. „Die Förderer der REDD-Projekte streifen in den Wäldern umher und versuchen, die indigenen Völker und lokalen Gemeinden zu überzeugen, die Abkommen zu akzeptieren. Sie versprechen den Menschen einen Gewinn von Millionen von Dollar, wenn sie im Gegenzug dazu die Rechte auf ihr Land und den Kohlenstoff der Wälder durch eine Unterschrift auf Dritte übertragen", heißt es in einem Bericht über die praktische Realität von REDD in Peru.[4] Ein indigener Anführer aus der Gemeinde Bélgica an der Grenze zu Brasilien prangert beispielsweise an, dass eine jener privaten Einrichtungen der Gemeinde „eine treuhänderische Übereignung [vorlegte], bei der die Gemeinde gezwungen ist, die Verwaltung [des Gemeindegebietes] zu übergeben und die Entscheidungen der Projektträger 30 Jahre lang zu befolgen – ohne dass wir uns als Personen entwickeln, frei über unser Gebiet entscheiden und nicht einmal die Zukunft unserer Kinder planen dürfen" (npla 2011). In einem geopolitischen Kontext, in dem fast alle sozialen Konflikte in Lateinamerika sich um die Verfügungsgewalt über Territorien drehen, in denen sich Rohstoffe jeglicher Art befinden, ist das ein schwerwiegendes Argument gegen REDD, da mit den kollektiven Landrechten die Lebensgrundlage der indigenen Völker verschwindet

---

[3] Siehe beispielsweise: www.forestpeoples.org/sites/fpp/files/publication/2011/11/la-realidad-de-redd-en-peru-entre-el-dicho-y-el-hecho-para-el-sitio-web_0.pdf, oder den Brief des indigenen Dachverbands CONAIE aus Ecuador an Ban-Ki Moon unter: www.aininoticias.org/2011/07/%C2%A1no-dejemos-que-la-redd-del-mercado-atrape-a-la-madre-naturaleza/ (Zugriff: 01.02.2012).

[4] Siehe: www.forestpeoples.org/sites/fpp/files/publication/2011/11/la-realidad-de-redd-en-peru-entre-el-dicho-y-el-hecho-para-el-sitio-web_0.pdf (Zugriff: 01.02.2012).

und letztlich Armut geschaffen anstatt bekämpft wird. Kollektive Landrechte sind im Zeitalter der Privatisierung, der Landnahme und der Spekulation mit Agrarböden das letzte Bollwerk gegen die kapitalistische Durchdringung.

Ende 2011 erfreute die ecuadorianische Chef-Unterhändlerin des Yasuní-Projekts, Ivonne Baki, die internationale Gemeinschaft mit einer guten Nachricht: Die von Präsident Correa gesetzte Mindestsumme von 100 Millionen US-Dollar bis 31.12.2011 sei erreicht, der Nationalpark Yasuní somit vorerst vor der Ölförderung gerettet. Überraschend war allerdings die Nennung eines deutschen Beitrags in Höhe von knapp 47 Millionen US-Dollar als Teil der Gesamtsumme. Hatte Dirk Niebel sich doch noch überzeugen lassen? Immerhin war im Oktober 2011 eine parteiübergreifende Delegation von Bundestagsabgeordneten in den Yasuní gereist, um die deutsche Unterstützung für das Projekt wiederzubeleben. Der Entwicklungsminister bestritt allerdings umgehend, jemals Geld für den Yasuní-Treuhandfonds zugesagt zu haben (amerika 21 2011). Klarheit gab erst Wochen später ein Schreiben der parlamentarischen Staatssekretärin Gudrun Kopp an die Mitglieder des Ausschusses für wirtschaftliche Zusammenarbeit und Entwicklung im Bundestag. Es sei beschlossen worden, „das bereits bestehende entwicklungspolitische Engagement im Bereich Biodiversität und Schutz und nachhaltige Nutzung natürlicher Ressourcen in Ecuador zu erweitern und auf die Yasuní-Region auszuweiten." Zugesagt wurde ein von Umwelt- und Entwicklungsministerium anteilig finanzierter Gesamtbetrag von 24,5 Millionen Euro, mit denen der Schwerpunkt Umwelt- und Ressourcenschutz der deutschen Entwicklungshilfe für Ecuador aufgestockt werden soll. Die genaue Verwendung der Mittel soll erst anlässlich der letzten Runde der diesbezüglichen Verhandlungen zwischen der ecuadorianischen und der deutschen Regierungen im März 2012 festgelegt werden. Klar ist jedoch bereits, dass das Geld ganz im Sinne von Minister Niebel in REDD-Projekte wie das Programm „Socio Bosque" fließen soll.

Wieder einmal hat also der globale Norden, vertreten durch die Bundesrepublik Deutschland, dem Süden seine Bedingungen aufoktroyiert. Der ecuadorianischen Regierung blieb in einem Wahlkampfjahr wie 2012 wenig anderes übrig, als den deutschen Beitrag, ohne den die 100-Millionen-Dollar-Marke bei weitem verfehlt worden wäre, zu den gesetzten Bedingungen zu akzeptieren. Andernfalls hätte sie mit der Ölförderung beginnen müssen – eine extrem unpopuläre Maßnahme. Wieder einmal hat die Marktlogik über die Alternative, die das Leben in den Mittelpunkt stellt, gesiegt. Und Dirk Niebel konnte ebenfalls das Gesicht wahren, da Deutschland nach den Zusagen von 2008, die so viele Hoffnungen geweckt hatten, nun immerhin einen Beitrag leistet. Eine klassische Win-Win-Situation im Sinn kapitalistischer Effizienz also? Verloren haben all diejenigen, die einen tiefgreifenden sozial-ökologischen Umbau, eine Abkehr vom Wachstums- und Akkumulationswahn für notwendig halten, um das Überleben der Spezies Mensch zu gewährleisten.

Literatur

amerika 21 (2011): *Niebel zweifelt an Aussage Ecuadors zu Yasuní*; 13.12.2011, http://amerika21.de/meldung/2011/12/42590/niebel-heidelberg (Zugriff: 01.02.2012).

Lohmann, Larry (2012): *Mercados de carbono. La mercantilización del clima*; Quito: Abya Yala.

Neuber, Harald (2011): *„Dirk Niebel versaut das Klima"*; In: *Telepolis*; 03.05.2011, www.heise.de/tp/artikel/34/34843/1.html (Zugriff: 01.02.2012).

Niebel, Dirk (2011): *Dschungel statt Öl?*; http://taz.de/Debatte-Klimaschutz/!78723/ (Zugriff: 01.02.2012).

NPLA (2011): *Indígenas üben Kritik an UN-Klimaschutzprogramm REDD*; www.npla.de/de/poonal/3654 (Zugriff: 01.02.2012).

Repinski, Gordon (2011): *„Die Regenwald-Revolte der Union"*; In: *taz*, 08.102011.

Ressourcen für Europa

Die Rohstoffstrategien der EU und Deutschlands gehen auf Kosten des globalen Südens

Tobias Lambert

Die rücksichtslose Ausbeutung natürlicher Ressourcen ist für Lateinamerika nichts Neues. Seit der Eroberung durch Spanien und Portugal dient der Kontinent als Lieferant von Rohstoffen. Länder wie Bolivien und Venezuela konnten in den vergangenen Jahren zwar die staatliche Kontrolle über die Rohstoffe sowie die Einnahmen aus den Erdöl- und Gasexporten deutlich erhöhen und in Sozialprojekte investieren. Dieser „Neue Extraktivismus" hat jedoch nur kurzfristige Vorteile. Die Abhängigkeit von den Rohstoffen steigt, deren Ausbeutung wird durch die gerechtere Verteilung der Gelder wiederum stärker legitimiert und Kritik daran politisch marginalisiert (Gudynas 2009: 193 ff.; siehe auch Beiträge von Eduardo Gudynas in diesem Band).

Es sind jedoch nicht nur interne Kräfteverhältnisse in den jeweiligen Ländern, die den Übergange hin zu einem Post-Extraktivismus erschweren. Nachgefragt werden die Rohstoffe zu einem großem Teil in den Ländern des globalen Nordens sowie China. Die häufig verheerende Menschenrechts- und Umweltbilanz fällt in den Förderländern an, während die sozialen Kosten im Preis eines Rohstoffes nicht abgebildet werden. Wenngleich rohstofffördernde Unternehmen überwiegend aus Ländern wie Kanada, den USA, der Schweiz oder China stammen, sind die Europäische Union (EU) und Deutschland für viele Probleme mitverantwortlich. Etwa 70 Prozent der EU-Importe sind Rohstoffe oder Zwischenprodukte, während ärmere Länder des globalen Südens überwiegend unverarbeitete Rohstoffe exportieren (WTO 2010: 58). Wirtschaftssektoren wie die Auto- und Chemieindustrie oder das Bauwesen hängen vom Import zahlreicher Rohstoffe ab, die innerhalb der EU nicht oder nur in geringem Maße vorhanden sind[1]. Die Abhängigkeit umfasst sowohl Energieressourcen, wie Erdöl und Gas, als auch Mineralien, Metalle oder Holz. Ein durchschnittlicher EU-Bürger verbraucht 43 Kilogramm Rohstoffe pro Tag. In Asien sind es 14 Kilogramm und in Afrika 10. Wenngleich andere Regionen wie Nordamerika (90 Kilogramm pro Kopf und Tag) und Ozeanien (100 Kilogramm) nochmal deutlich mehr verbrauchen, ist die EU eine überdurchschnittliche Verbraucherin von Rohstoffen. Etwa 23 Prozent der weltweit gehandelten Rohstoffe werden von der EU importiert, die somit die Region mit den höchsten Netto-Importen von Rohstoffen darstellt (WTO 2010: 59 und Friends of the Earth 2009: 21f.).

Auf den Druck von Unternehmen hin haben sowohl die EU als auch Deutschland in den letzten Jahren das einstige Nischenthema Rohstoffpolitik für sich entdeckt und jeweils Strategien entworfen, in deren Mittelpunkt die Sicherung von Rohstoffen für die Industrie steht. Als Hauptproblem der Rohstoffversorgung machen die Europäische Kommission und die Bundesregierung Wettbewerbsverzerrungen wie die Anwendung von Exportsteuern und Beschränkung von Investitionen in den Förderländern aus. Die Interessen der rohstoffreichen Regionen in Afrika, Asien und Lateinamerika, deren Bevölkerungen in den meisten Fällen bisher nicht von den Rohstoffexporten profitieren konnten, werden dabei kaum berücksichtigt. Auch beim Import von Agrarrohstoffen schadet die EU-Politik massiv den Menschen im globalen Süden, wie das Beispiel der Soja-Importe aus Südamerika zeigt.

Wenngleich der Wunsch vieler Länder des Südens, die westlichen und nördlichen Konsummuster zu kopieren, verständlich ist, ist das klassische Wachstumsmodell nicht in der Lage, diese negativen Effekte zu minimieren. Das im globalen Norden bestehende Wirtschaftssystem, das auf einem enorm hohen Rohstoffverbrauch basiert, ist eine der grundlegenden Ursachen des Problems. Der Lösungsansatz der EU und Deutschlands besteht bisher darin, die Anstrengungen zur Sicherung von Rohstoffen für die eigene Industrie zu erhöhen.

---

[1] Die eigene Produktion von Metallen in der EU beträgt zum Beispiel gerade einmal drei Prozent der Weltproduktion. Dies bedeutet, dass etwa 48 Prozent des in der EU benötigten Kupfers, 64 Prozent des Zinkerzes und Bauxits sowie 78 Prozent des Nickels importiert werden. Bei Kobalt, Platin, Titan und Vanadium wird der gesamte Bedarf importiert.

**Erfolg für die Industrie: Die Rohstoff-Strategien
der EU und Deutschlands**

Im Jahr 2008 stellte die Europäische Kommission mit der „Rohstoffiniti-
ative" (Raw Materials Initiative, RMI) erstmals eine gemeinsame europäische Rohstoffpolitik vor, die den Zugang europäischer Unternehmen zu
wichtigen Rohstoffen sicherstellen soll. Anfang 2011 wurde die Strategie
aktualisiert. Die RMI basiert auf drei Säulen: Sicherung des Zugangs zu Rohstoffen auf den Weltmärkten ohne Wettbewerbsverzerrungen, Förderung der
nachhaltigen Versorgung durch Rohstoffe aus europäischen Quellen und
Reduzierung des europäischen Verbrauchs primärer Rohstoffe (European
Commission 2008: 5f.). Laut RMI sei für die Wettbewerbsfähigkeit der EU
ein diskriminierungsfreier Zugang zu Rohstoffen, also zu den gleichen Bedingungen wie wirtschaftliche Konkurrent_innen, unabdingbar. Als Hauptproblem macht die EU Wettbewerbsverzerrungen aus. Die erste Säule ist die
am weitesten ausgearbeitete. Die Kommission schlägt in der RMI eine „Roh-
stoffdiplomatie" vor, um den Zugang zu natürlichen Ressourcen zu sichern.
Im Rahmen von WTO-Verhandlungen und Freihandelsverträgen soll dies Priorität erhalten, Wettbewerbsverzerrungen wie Exportsteuern sollen beseitigt
werden (ebd.: 7).

Im Juni 2010 veröffentlichte die Kommission einen Bericht, der 41 Mineralien und Metalle analysiert. Als Ergebnis werden bei 14 für die EU wichtigen
Rohstoffen Engpässe bei der Verfügbarkeit befürchtet[2]. Die Sorge gilt dabei
ausschließlich den Auswirkungen der Engpässe für die europäische Wirtschaft,
nicht den bei der Förderung verursachten Umweltschäden oder Menschenrechtsverletzungen (European Commission 2010a).

Im Februar 2011 aktualisierte die Kommission mit der Mitteilung „Tackling
the Challenges in Commodity Markets and on Raw Materials" die RMI. Die
neue Mitteilung stellt das Thema Rohstoffe in einen breiteren Rahmen, bekräftigt
aber die bereits in der RMI ausformulierten Prinzipien, wenn auch mit einigen
kleinen Veränderungen: Zunächst wird eine Verbindung zwischen der hohen
Preisvolatilität auf den Rohstoffmärkten und der Spekulation betont sowie mehr

---

[2] Die 14 als kritisch eingestuften Mineralien und Metalle sind: Antimon, Beryllium,
Kobalt, Flussspat, Gallium, Germanium, Graphit, Indium, Magnesium, Niobium,
Platinmetalle, seltene Erden, Tantal und Wolfram.

Transparenz und Regulierung der Märkte gefordert (European Commission 2011: 6). Es wird hervorgehoben, die EU wolle ärmeren Ländern helfen, „umfassende Reformprogramme zu erarbeiten, in denen Ziele wie die Verbesserung der Besteuerungssysteme für den Bergbau und die Erhöhung der Transparenz von Geldquellen und Verträgen oder der Fähigkeit, Einnahmen zur Unterstützung von Entwicklungszielen zu verwenden, eindeutig benannt werden" (ebd.: 15).

Ebenfalls neu ist, dass die Kommission als Ziel ausgibt, Entwicklungspolitik solle sich „auch auf die Vernetzung der Abbaubetriebe mit der örtlichen Wirtschaft konzentrieren, und zwar durch Verbesserung der Wertschöpfungskette und eine größtmögliche Diversifizierung". Freihandelsabkommen sollten „zur Erreichung dieses Ziels ausreichend flexibel gestaltet werden" (ebd.: 16).

Jenseits der leicht abgemilderten Rhetorik geht es aber auch in der Aktualisierung der RMI letztlich um den vorteilhaftesten Zugang zu Rohstoffen für die EU. Wettbewerbsverzerrungen werden als „wachsende Sorge" bezeichnet (ebd.: 6). Es wird betont, dass die EU „im Rahmen aller relevanten Verhandlungen, ob bilateral oder multilateral, [...] Handelsregeln für Ausfuhrbeschränkungen vorgeschlagen" hat (ebd.: 12). Die erwähnte Flexibilisierung der Freihandelsabkommen zugunsten sozialer Komponenten, ist in der Realität nicht ersichtlich. Die zweite und dritte Säule bekommen in der Aktualisierung der RMI etwas mehr Aufmerksamkeit. Dennoch ist der freie Zugang zu Rohstoffen nach wie vor der Fokus der EU-Rohstoffstrategie.

Zusätzlich zur europäischen RMI hat Deutschland eine eigene Rohstoff-Strategie entwickelt. Im Oktober 2010 publizierte das Bundesministerium für Wirtschaft und Technologie (BMWi) die „Rohstoffstrategie der Bundesregierung. Sicherung einer nachhaltigen Rohstoffversorgung Deutschlands mit nicht-energetischen mineralischen Rohstoffen". Wenngleich diese ressortübergreifend ausgearbeitet wurde, spielte das BMWi von allen beteiligten Ministerien die bedeutendste Rolle in der Entstehung des Papiers. Die deutsche Rohstoffstrategie hat ebenso wie die RMI der EU die Reduzierung von Handelsbarrieren zum Ziel. Die Anwendung von Exportrestriktionen wird als Bedrohung dargestellt, da sie „mittelfristig Wachstum und Beschäftigung in Deutschland gefährden" (BMWi 2010: 9) könne. Um die Sicherung der Rohstoffversorgung zu gewährleisten, bietet die Bundesregierung Unternehmen staatliche Instrumente, wie Garantien für ungebundene Kredite, Investitionsgarantien und Exportgarantien, an (ebd.: 10).

Zwar erklärt die Bundesregierung, „dass nachhaltige Entwicklung sowie wirtschaftlicher und sozialer Fortschritt ohne gute Regierungsführung, ohne Achtung der Menschenrechte und ohne Beachtung ökologischer und sozialer Standards nicht möglich ist" (BMWi 2010: 8). Konkrete Vorschläge, wie dies bei der Rohstoffförderung jenseits freiwilliger Leitlinien garantiert werden könnte und welchen Anteil Deutschland daran leisten will, macht sie allerdings nicht.

Insgesamt trägt die deutsche Rohstoffstrategie deutlich die Handschrift des Bundesverbandes der Deutschen Industrie (BDI), der die Interessen der Industrie gegenüber Politik und Öffentlichkeit vertritt. Der BDI hatte seit Jahren Lobbyarbeit zugunsten einer deutschen und europäischen Rohstoffstrategie gemacht und an der Ausarbeitung der deutschen Strategie seit dem ersten Rohstoffkongress der damaligen rot-grünen Bundesregierung 2005 in einem „engen Dialog" mitgewirkt (Bundesregierung 2007: 5).

Auswirkungen auf die Förderländer: Exportsteuern und Investitionen

Die EU-Politik erschwert es den Förderländern von vornherein, vom Export ihrer Rohstoffe zu profitieren, geschweige denn eine postextraktivistische Transition einzuleiten. Die zwei Bereiche, in denen die EU wettbewerbsverzerrende Maßnahmen eliminieren will, sind Exportsteuern und ausländische Direktinvestitionen. Auf verschiedenen Ebenen wie der WTO, bei Freihandelsverträgen und Bilateralen Investitionsschutzabkommen, wird darüber verhandelt.

Die Anwendung von Exportzöllen kann rohstoffreichen Ländern nutzen, sofern die Mehreinnahmen sinnvoll verwendet oder durch einen Rückgang der Förderung die negativen Folgen des Extraktivismus verringert werden können (Curtis 2010: 17). Die WTO verbietet die Anwendung von Exportbeschränkungen nicht, sieht dieses Instrument aber kritisch (WTO 2010: 160 ff.). Auch die Europäische Kommission erkennt an, dass Exportbeschränkungen „unter bestimmten Bedingungen" gerechtfertigt sein können (European Commission 2009: 12). Dies gelte aber nur, wenn Exportsteuern mit eindeutigen Regeln und Zielen und für alle Marktteilnehmer_innen zu gleichen Bedingungen angewendet würden.

Dennoch stellt die Beseitigung beziehungsweise Einschränkung dessen, was als „wettbewerbsverzerrende" Maßnahmen bezeichnet wird, ein prinzipielles Ziel der EU dar.

Der zweite bedeutende Bereich, in dem die EU Regeln durchsetzen will, die den europäischen Konzernen nützen, sind Investitionen. Schutzklauseln für ausländische Investitionen finden sich in bilateralen Investitionsschutzabkommen (Bilateral Investment Treaties, BITs), aber auch in Freihandelsverträgen (Free Trade Agreements, FTAs). Derartige Vereinbarungen sollen ausländische Direktinvestitionen absichern und stehen über dem jeweiligen nationalen Recht. Die EU will vor allem die Bereiche Inländerbehandlung, Investorenschutz und freien Kapitalverkehr implementieren (Curtis 2010: 30). Inländerbehandlung bedeutet, dass einheimische und ausländische Investitionen nicht unterschiedlich behandelt werden dürfen. Der Investorenschutz stattet Investoren mit bestimmten Rechten aus, die den jeweiligen Regierungen für die Implementierung von Politiken, die den Investor betreffen könnten, Schranken setzen. Unternehmen können sich in vielen Fällen gar auf einen „enteignungsgleichen Eingriff" berufen, wenn zu erwarten ist, dass durch neue Arbeits- oder Umweltgesetze ihre Gewinne vermindert würden. Durch einen freien Kapitalverkehr können Investoren ihre Gewinne aus dem Land transferieren. Dies bedeutet, dass es einer Regierung unmöglich gemacht beziehungsweise deutlich erschwert wird, Kapitalverkehrskontrollen einzuführen, um das Land zum Beispiel vor spekulativem Kapital zu schützen. Verstößt ein Staat nach Ansicht eines Unternehmens gegen ein BIT, kann dieses Unternehmen in einem „Investor-Staat-Verfahren" vor ein internationales Schiedsgericht ziehen, ohne dass zuvor der nationale Rechtsweg erschöpft sein muss. Die meisten dieser Verfahren landen gemäß den konkreten Bestimmungen der jeweiligen Abkommen beim Internationalen Zentrum für Investitionsstreitigkeiten (ICSID), dem Schiedsgericht der Weltbankgruppe.

Die Ausgangsbedingungen der Kontrahent_innen sind dabei äußerst ungleich verteilt, da BITs in der Regel zwischen Industrieländern auf der einen und ärmeren Staaten auf der anderen Seite geschlossen werden. Im Streitfall können die kleineren und ärmeren Länder den juristischen Abteilungen großer Konzerne wenig entgegen setzen. Die Industrieländer, allen voran Deutschland, setzen einen bedingungslosen Investorenschutz durch[3]. Statt

---

[3] Mit Inkrafttreten des Lissabon-Vertrags der Europäischen Union am 1. Dezember 2009 ging die Kompetenz zur Aushandlung von BITs von den einzelnen Mitgliedstaaten zur EU-Kommission über. Eine Aufnahme von Pflichten für Investoren ...

des Investorenschutzes bräuchte es hingegen Mechanismen, die wirksam die Bevölkerung und die Umwelt vor Schäden schützen, die durch einen Investor verursacht werden können.

Die Laufzeiten von BITs und FTAs sind in der Regel unbegrenzt. Eine Regierung kann diese zwar kündigen, für bereits getätigte Investitionen gilt der Schutz jedoch bis zu mehrere Jahrzehnte über die Kündigung hinaus. Durch die Unterzeichnung derartiger Verträge riskieren Staaten somit, ihr demokratisches Recht, über Wirtschafts-, Sozial-, und Umweltpolitik zu entscheiden, für lange Zeit stark einzuschränken.

Natürlich kann die Beschränkung von Exporten und Investitionen auch negative Effekte für ein Land haben. Um daraus Nutzen zu ziehen, erfordert es nachhaltiger Politiken und funktionierender Institutionen. Bei korrupten Regierungen und Eliten, die zusätzliche Einnahmen in die eigene Tasche stecken und sich nicht für Arbeits- und Umweltbedingungen der extraktiven Industrien interessieren, werden Bevölkerung und Umwelt kaum profitieren. Da Exportsteuern und Restriktionen von Investitionen unter günstigen politischen Bedingungen aber durchaus einem Land nutzen können, dürfen die EU und Deutschland diese nicht per se unterbinden.

RMI in Lateinamerika

In Lateinamerika tätig sind vor allem Rohstoffunternehmen aus den USA, Kanada, Australien, der Schweiz und mittlerweile auch China. Als Bezieher lateinamerikanischer Rohstoffe spielt die EU jedoch ebenfalls bereits eine wichtige Rolle. Auch wenn Afrika[4] augenblicklich mehr vom europäischen Rohstoffhunger betroffen ist, rückt Lateinamerika zunehmend ins Zentrum des Interesses. Im Lateinamerika-Konzept der Bundesregierung nimmt das Thema der Energie- und Rohstoffversorgung Deutschlands einen wichtigen Stellenwert ein (Auswärtiges Amt 2010: 39). In seiner Bewertung der jüngs-

---

[3] ... ist nicht vorgesehen. Die deutsche Regierung und deutsche Wirtschaftsverbände fordern, dass bei der Vereinheitlichung der bisherigen BITs unter dem Dach der EU-Kommission das investorenfreundliche deutsche Muster-BIT als Vorlage dient.

[4] In den Verhandlungen über sogenannte Wirtschaftliche Partnerschaftsabkommen (EPAs) zwischen der EU und afrikanischen Staaten spielt der Zugang zu Rohstoffen eine bedeutende Rolle.

ten Aktualisierung der RMI, erwähnt der Rat der Europäischen Union Latein-amerika ausdrücklich als Lieferant von Rohstoffen (Council of the European Union 2011: 5). Das Europäische Parlament legte der Kommission in einer im September 2011 verabschiedeten Resolution nahe, die Rohstoffversorgung zu diversifizieren und dabei explizit auch Lateinamerika mit einzubeziehen (European Parliament 2011).

Tatsächlich wendet die EU längst Prinzipien aus der RMI in Lateinamerika an. Im Jahr 2010 schloss die EU mit Kolumbien und Peru die Verhandlungen über ein Freihandelsabkommen ab, das im Bezug auf Exportsteuern und Restriktionen von Investitionen den europäischen Vorstellungen aus der RMI entspricht. Mehr als 85 Prozent der EU-Importe aus Kolumbien sind Rohstoffe wie Öl, Mineralien und Agrarprodukte. Die Exporte aus der EU nach Kolumbien bestehen hingegen zu fast 90 Prozent aus verarbeiteten Gütern.[5] Die Importe der EU aus Peru sind zu 92 Prozent Rohstoffe, während 86 Prozent der EU-Exporte nach Peru verarbeitete Güter sind[6].

Das Abkommen erschwert die Anwendung von Exportsteuern erheblich. Diese können nur vorübergehend in besonderen Situationen und wenigen Ausnahmefällen erhoben werden (Art. 25 und 106). Die Investmentbestimmungen gehen über die Regeln der WTO hinaus und enthalten die Liberalisierung von Investitionen, Patenten, Wettbewerbsrecht und öffentlichem Auftragswesen. Inländerbehandlung für Investoren wird garantiert, so dass die Regierungen keinerlei Restriktionen auferlegen dürfen (Art. 113 und 114). Der freie Kapitalfluss soll gemäß dem Abkommen von allen Ländern zugesichert werden. Restriktionen oder Schutzmaßnahmen dürfen nur vorübergehend und als Ausnahme angewendet werden, aber niemals als Schutzinstrument für einzelne Industrien (Art.169 und 170). Das Freihandelsabkommen enthält eine allgemeine Menschenrechtsklausel (Art.1), die schwächer formuliert ist als jene im Allgemeinen Präferenzsystem (GSP), mit dem die EU ärmeren Ländern bestimmte Zollerleichterungen gewährt. Kolumbien und Peru würden bei Ratifizierung des Freihandelsabkommens aus dem GSP herausfallen.

---

[5] Vgl.:http://trade.ec.europa.eu/doclib/docs/2006/september/tradoc_113367.pdf (Zugriff: 15.01.2012).

[6] Vgl.: http://trade.ec.europa.eu/doclib/docs/2006/september/tradoc_113435.pdf (Zugriff: 15.01.2012).

Wäre eine Menschenrechtsklausel, wie sie in dem FTA enthalten ist, ernst gemeint, müsste sie zumindest im Falle Kolumbiens, wo seit Jahren systematisch
Menschenrechte verletzt werden, im selben Moment angewendet werden, in
dem das Freihandelsabkommen mit der EU in Kraft tritt. Neben dem Europäischen Parlament müssen dem Abkommen noch die nationalen Parlamente
Kolumbiens und Perus, eventuell auch alle Parlamente der EU-Mitgliedstaaten
zustimmen. Sollte das FTA in Kraft treten, wird es extraktiven Industrien wie
dem Bergbau zusätzlichen Auftrieb geben, weil es die Rechte von Investoren
stärkt.

Agrarextraktivismus - Soja für Europas Fleischprododuktion

Auch der Extraktivismus im Agrarbereich wird in Lateinamerika durch die
EU befördert. Fast 80 Prozent der für die europäische Fleischproduktion benötigten Eiweißfuttermittel werden importiert. Dies entspricht 22 Millionen
Tonnen Sojaschrot und 13 Millionen Tonnen Sojabohnen jährlich (Agrarko-
ordination 2011: 2)[7]. Laut Berechnungen des Bundes für Umwelt und Naturschutz (BUND) wird in Übersee auf circa 20 Millionen Hektar Soja für die
europäische Tierproduktion angebaut. Davon entfallen allein 2,8 Millionen
Hektar auf Deutschland, was fast der Fläche Brandenburgs entspricht (Schuler 2007: 5). Ohne diesen „Import von Fläche" sind der hohe Fleischkonsum
und die teilweise Überproduktion in Europa nicht denkbar. Während sich
zwischen 2000 und 2007 die Fleischexporte der EU um 32,4 Prozent erhöht
haben, stiegen die Futtermittelimporte im gleichen Zeitraum um 17 Prozent
(Wiggerthale 2011: 11).

Dank politischer Entscheidungen in den 1960er Jahren ist der Import von
Sojabohnen vom Zoll befreit. Nutznießer waren damals die USA als Haupt-
exporteur von Soja. Während zum Schutz der EU-Agrarindustrie die meisten Agrarprodukte durch hohe Zölle geschützt sind und die EU gleichzeitig
ärmere Länder zur Öffnung ihrer Märkte drängt, sind Futtermittel aus Soja

---

[7] Bei der Verarbeitung von Sojabohnen entstehen circa 80 Prozent Sojaschrot und als
Nebenprodukt etwa 20 Prozent Sojaöl. Für die Produktion von einem Kilogramm
Schweinefleisch werden 540 Gramm Sojaschrot verfüttert, für ein Kilogramm Pute
765 Gramm, ein Kilogramm Hähnchen 470 Gramm und ein Kilogramm Rindfleisch
920 Gramm (Schuler 2007: 5).

dank der Zollbefreiung in Europa wesentlich billiger als heimische Alternativen wie etwa Ackerbohnen, Erbsen oder Lupinen (Beste & Boeddinghaus 2011: 7 ff.).

Zu den Hauptanbaugebieten von Soja zählt Südamerika[8]. Der sogenannte Sojagürtel umfasst Teile von Brasilien, Argentinien, Paraguay, Bolivien und Uruguay und erstreckt sich insgesamt auf über 40 Millionen Hektar[9].

Ein Großteil der in Südamerika angebauten Soja ist heute genmanipuliert. Argentinien war 1996 das Einfallstor für den US-amerikanischen Biotech-Konzern Monsanto, um den Anbau gentechnisch veränderter (modifizierter) Organismen (GMO) in der Region zu etablieren. Von dort aus verbreitete sich das Gen-Soja in die Nachbarländer. Fast die gesamte in Argentinien angebaute Soja ist Monsantos „Roundup Ready", das gegen das gleichnamige Herbizid (überwiegend Glyphosat) resistent ist, welches ebenfalls von Monsanto geliefert wird (Grain 2007: 16ff.). Der Einsatz von Herbiziden ist seit der Einführung von Gen-Soja drastisch gestiegen. Wurde bei der konventionellen Soja zuvor gut ein Liter Glyphosat pro Hektar verwendet, sind es nun bis zu über 20 Liter (Rulli 2007: 29). Im Jahr 2008 wurden in Argentinien etwa 200 Millionen Liter Roundup Ready verbraucht; 1996, vor der Einführung des Gen-Sojas, waren es hingegen nur 13,9 Millionen. Dieses vernichtet alles außer der Sojapflanze selbst. Für europäische Konsument_innen ist nicht ersichtlich, ob ein Tier mit Gen-Soja gefüttert wurde. Eine Kennzeichnungspflicht für Fleisch oder Milch gibt es nicht.

Vom Sojaanbau profitieren fast ausschließlich Großunternehmen. Während vor Ort oft das lokale Agrobusiness und die sogenannten Sojabarone das Sagen haben, kontrollieren internationale Konzerne den Großteil des Geschäfts. Die Unternehmen, die (genmanipuliertes) Saatgut verkaufen, sind häufig dieselben, die auch die für den erfolgreichen Anbau der Monokulturen erforderlichen Pestizide und Herbizide anbieten (Rulli 2007: 23).

---

[8] Die größten Produzenten sind die USA, Brasilien, Argentinien, China, Indien und Paraguay. Heute werden drei Viertel der weltweiten Sojaproduktion auf dem amerikanischen Kontinent hergestellt. Allein Brasilien produziert ein Viertel der weltweiten Soja.

[9] Zum Vergleich: Die Gesamtfläche der Bundesrepublik Deutschland beträgt knapp 36 Millionen Hektar.

Negative Konsequenzen des Soja-Booms

Auf die kleinbäuerliche Landwirtschaft, die lokale Bevölkerung und die Umwelt hat der Soja-Boom äußerst negative, teils dramatische Auswirkungen. Das Soja-Modell basiert grundsätzlich auf Monokultur und Mechanisierung der Landwirtschaft. Die Ausbreitung der Soja-Front hat permanent die erzwungene und teils offen gewaltsame Vertreibung der ländlichen und indigenen Bevölkerung zur Folge. Diese migriert verstärkt in die Städte, wo die Armenviertel anwachsen.

Menschen, die in unmittelbarer Nähe von Sojafeldern leben, sind akuten Gesundheitsgefährdungen ausgesetzt.[10] Hinzu kommt, dass durch den fortschreitenden Soja-Anbau die Artenvielfalt zurückgeht und große Waldflächen vernichtet werden (Grain 2007: 52; Suchanek 2010: 81). Auch wird durch die Zerstörung des Amazonasgebietes die globale Erderwärmung beschleunigt, da das Wegfallen des Waldes als CO_2-Senke den Ausstoß von Kohlenstoff erhöht (Grain 2007: 53).

Die Möglichkeit lokal frei darüber zu entscheiden, welche Lebensmittel angebaut werden sollen, rückt durch den Soja-Anbau in weite Ferne. Der kleinbäuerliche Lebensraum und die Strukturen des ländlichen Lebens werden nach und nach zerstört. Die Produktion von Hauptnahrungsmitteln wie Reis, Bohnen oder Mais sinkt (Grain 2007: 52). Außerdem geht durch den Soja-Anbau fruchtbares Land verloren, da die Böden einer erhöhten Erosion ausgesetzt sind. Um ein Kilo Sojabohnen zu produzieren, werden zehn Kilo Erde geopfert (Fritz 2009: 91).

Ein Umdenken ist erforderlich

Ohne eine radikale Senkung des weltweiten Rohstoffkonsums werden die Versuche, zu einem post-extraktivistischen Modell überzugehen, im Sande verlaufen. Dabei müssen die industrialisierten Länder, die mit Abstand am meisten Rohstoffe verbrauchen, vorangehen. Die Recycling-Quoten müssen drastisch erhöht werden, um sich dem Ziel einer Kreislaufwirtschaft anzunähern, in der neue Produkte aus unbrauchbar gewordenen alten hergestellt und weniger neue

---

[10] Als häufigste Folgen des flächendeckenden Pestizideinsatzes sind unter anderem Erbrechen, Durchfall, Allergien, Krebsleiden, Fehlgeburten und Missbildungen dokumentiert (Suchanek 2010: 78).

Rohstoffe benötigt werden. Die kleinbäuerliche Landwirtschaft sollte gestärkt werden und die EU eine eigene Eiweißstrategie forcieren, um die Abhängigkeit von Soja-Importen zu begrenzen und die durch den „Import von Fläche" entstehenden negativen externen Effekte der eigenen Fleischproduktion zu begrenzen. Gleichzeitig müssen Wege gefunden werden, wie die Menschen in ärmeren Ländern ihre Situation verbessern können, ohne den Entwicklungsweg der reichen Länder nachzuahmen, der nicht nachhaltig ist und sich aufgrund der Begrenztheit der natürlichen Ressourcen unmöglich auf den gesamten Planeten übertragen lässt. Die negativen Folgen müssen minimiert werden, während faire Handelsbedingungen dazu beitragen sollten, dass die Menschen in den Förderländern profitieren. Es geht um nicht weniger, als Übergänge zu gestalten, die über den Extraktivismus hinaus deuten. Die Politik der EU und Deutschland weist bisher allerdings in eine andere Richtung.

Literatur

Auswärtiges Amt [Hg.] (2010): *Deutschland, Lateinamerika und die Karibik: Konzept der Bundesregierung*; 2010: 39, www.auswaertiges-amt.de/cae/servlet/contentblob/367294/publicationFile/93965/LAK-Konzept.pdf (Zugriff: 15.01. 2012).

Beste, Andrea & Runa Boeddinghaus (2011): *Artenvielfalt statt Sojawahn. Der Eiweißmangel in der EU: Wie lässt sich das seit langem bestehende Problem lösen?*; Wiesbaden.

Bundesministerium für Wirtschaft und Technologie (2010): *Rohstoffstrategie der Bundesregierung. Sicherung einer nachhaltigen Versorgung Deutschland mit nicht-energetischen mineralischen Rohstoffen*; www.bmwi.de/Dateien/BMWi/PDF/rohstoffstrategie-der-bundesregierung,property=pdf,bereich=bmwi,sprache=de,rwb=true.pdf (Zugriff: 15.01.2012).

Bundesregierung (2007): *Elemente einer Rohstoffstrategie der Bundesregierung*; www.bmwi.de/BMWi/Redaktion/PDF/E/elemente-rohstoffstrategie,property=pdf,bereich=bmwi,sprache=de,rwb=true.pdf (Zugriff: 15.01.2012).

Council of the European Union (2011): *Conclusions on tackling the challenges on raw materials and in commodity markets*; www.consilium.europa.eu/uedocs/cms_data/docs/pressdata/en/intm/119744.pdf (Zugriff: 15.01.2012).

Curtis, John (2010): *The new resource grab: How EU trade policy on raw materials is undermining development*; Hrsg. von: Oxfam Deutschland, Weed, Traidcraft Exchange, AITEC und Comhlámh, www2.weed-online.org/uploads/the_new_ressource_grab.pdf (Zugriff: 15.01.2012).

European Commission (2008): *The Raw Materials Initiative-Meeting - our critical needs for growth and jobs in Europe*; http://eur-lex.europa.eu/LexUriServ/LexUriServ.do?uri=COM:2008:0699:FIN:en:PDF (Zugriff: 15.01.2012).

European Commission (2009): *Raw materials policy 2009 annual report*; http://trade.ec.europa.eu/doclib/docs/2010/june/tradoc_146207.pdf (Zugriff: 15.01.2012).

European Commission (2010): *Critical raw materials for the EU*; Report of the ad-hoc-working Group on defining critical raw, http://ec.europa.eu/enterprise/policies/raw-materials/files/docs/report-b_en.pdf (Zugriff: 15.01.2012).

European Commission (2011): *Tackling the Challenges in Commodity Markets and on Raw Materials*; http://ec.europa.eu/enterprise/policies/raw-materials/files/docs/communication_en.pdf (Zugriff: 15.01.2012).

European Parliament (2011): *Resolution of 13 September 2011 on an effective raw materials strategy for Europe*; www.europarl.europa.eu/sides/getDoc.do?type=TA&reference=P7-TA-2011-0364&language=EN&ring=A7-2011-0288 (Zugriff: 15.01.2012).

Friends of the Earth Europe (2009): *Overconsumption? Our use of the world's natural resources*; www.foeeurope.org/publications/2009/Overconsumption_Sep09.pdf (Zugriff: 15.01.2012).

Fritz, Thomas (2009): *Peak Soil. Die globale Jagd nach Land;* Berlin: FDCL.

Gudynas, Eduardo (2009): „Diez Tesis urgentes sobre el Nuevo Extractivismo. Contextos y demandas bajo el progresismo sudamericano actual"; In:CAAP & CLAES: *Extractivismo, Politica y Sociedad,* Quito, S.187-225.

Grain (2007): „Soja-Nexus in South America"; In: *seedling;* Juli, S.51-53, www.grain.org/seedling_files/seed-07-07-7-5-en.pdf (Zugriff: 15.01.2012).

Rulli, Javiera (2007): „Introduction to the Soya Model. The expansion of soya in Latin America"; In: Javiera Rulli (Hg.): *United Soya Republics. The truth about Soya Production in South America;* www.lasojamata.net/en/node/91 (Zugriff: 15.01.2012).

Schuler, Christine (2007): *Für Fleisch nicht die Bohne! Futter und Agrokraftstoff-Flächenkonkurrenz im Doppelpack;* Berlin, www. weltagrarbericht.de/fileadmin/files/BUND_soja_fleisch_agrosprit_studie_ 2008.pdf (Zugriff: 15.01.2012).

Suchanek, Norbert (2010): *Der Soja-Wahn. Wie eine Bohne ins Zwielicht gerät;* München.

Trade Agreement between the European Union [and its Member States] and Colombia and Peru, http://trade.ec.europa.eu/doclib/docs/2011/march/ tradoc_147704.pdf (Zugriff: 15.01.2012).

Wiggerthale, Marita (2011): *Die EU exportiert-die Welt hungert. Warum die EU-Agrarpolitik auf Kosten armer Länder geht;* www.oxfam.de/sites/ www.oxfam.de/files/webfm/20110429_oxfam_cap-papier.pdf (Zugriff: 15.01.2012).

WTO (2010): *World Trade Report 2010. Trade in Natural Resources;* www. wto.org/english/res_e/booksp_e/anrep_e/world_trade_report10_e.pdf (Zugriff: 15.01.2012).

Post-Extraktivismus und Transitionen auf dem Weg zu Alternativen zu Entwicklung

Eduardo Gudynas

Eine der in Südamerika zurzeit am intensivsten geführten Debatten hat die Suche nach Auswegen aus der Flut extraktiver Unternehmungen zum Inhalt. Geschuldet ist dies den gravierenden sozialen und ökologischen Auswirkungen dieser auf den Export ausgerichteten Bergbau-, Erdöl- und Intensivlandwirtschaftsprojekte mit ihren zweifelhaften wirtschaftlichen Erträgen.

Verschiedene Strömungen von Bewegungen und Theoretiker_innen, die sich mit Menschenrechtsfragen, Naturschutz oder der Rolle der indigenen Gruppen auseinandersetzen, haben es sich daher zur Aufgabe gemacht, das zu erforschen, was heute als „Transitionen zum Post-Extraktivismus" bezeichnet wird, mit dem Ziel, die Abhängigkeit vom Extraktivismus zu beenden.

Die Debatte ist besonders ausgeprägt in Ecuador und Peru, zuletzt auch in Bolivien. Es folgen unter anderem Argentinien und Uruguay, wo die Regierungen am Bergbau festhalten. In viel eingeschränkterem Maße findet die Diskussion auch in Brasilien und Venezuela statt, wo es zwar vereinzelt Stimmen gegen folgenschwere Projekte gibt, aber keine nationale Auseinandersetzung über Entwicklungsstrategien jenseits beispielsweise der Erdölförderung. In Ecuador und Peru dagegen hat die Debatte über einen Post-Extraktivismus schon begonnen[1].

---

[1] Der vorliegende Beitrag soll einige zentrale Aspekte dieser Debatten zusammenfassen, ausgehend von den Untersuchungen des Lateinamerikanischen Zentrums für Soziale Ökologie (CLAES) in verschiedenen Ländern der Region. Besonders eingegangen werden soll dabei auf die Ergebnisse für Peru, in Kooperation mit dem Netzwerk für eine Globalisierung in Gerechtigkeit (RedGE), und für Ecuador, in ...

Alternativen zu Entwicklung und Transitionen

Die aktuellen Vorschläge zielen dabei auf radikale Veränderungen ab, auf „Alternativen zu Entwicklung". Unter den derzeitigen Gegebenheiten lassen sich diese radikalen Veränderungen als ein Prozess verstehen, der ein Bündel von „Transitionen" umfasst.

Die „Alternativen zu Entwicklung" unterscheiden sich grundlegend von „alternativer Entwicklung". Letztere beruht nämlich weiterhin auf den Grundannahmen von Entwicklung als Fortschritt, Linearität der Geschichte und notwendiger Aneignung der Natur. „Alternative Entwicklungen" stellen also lediglich andere Formen dar, diese Annahmen in die Praxis umzusetzen. Dabei geht es um Fragen wie die Rolle des Staates, das Eigentum an Ressourcen und Produktionsmitteln, die Nutzung von Wissenschaft und Technik zur Verringerung der Umweltschäden oder die Implementierung sozialer Kompensationsmaßnahmen, um die Folgen für die betroffene Bevölkerung aufzufangen. Es herrscht eine große Vielfalt unter diesen „alternativen Entwicklungen", von denen einige dem klassischen Kapitalismus angehören und andere Reformen im Geist des Sozialismus anstreben. In allen Fällen wird Entwicklung jedoch grundlegend als materieller Fortschritt aufgefasst.

„Alternativen zu Entwicklung" zielen dagegen auf einen substantiellen Wandel dieser konzeptionellen Grundlagen von Entwicklung ab. Bloße Veränderungen im Instrumentarium werden dabei als nicht ausreichend angesehen, es wird der Glaube an einen notwendigen und unvermeidlichen materiellen Fortschritt aufgegeben, an die Linearität der Geschichte und an die Notwendigkeit von Naturaneignung für das Wirtschaftswachstum. Die klassische Fortschrittsidee westlichen Ursprungs wird in Zweifel gezogen und es wird nach Alternativen gesucht, die anderen Vorstellungen von Wohlstand und gutem Leben entsprechen.

Es existiert zunehmender Konsens darüber, dass Auswege aus dem Extraktivismus nicht allein in „alternativen Entwicklungen" bestehen dürfen, sondern dass viel tiefer gehende Veränderungen notwendig sind. Daher müssen postextraktivistische Konzepte in direktem Zusammenhang mit den „Alternativen zu Entwicklung" stehen.

---

[1] ... Zusammenarbeit mit der Rosa-Luxemburg-Stiftung sowie weiteren Akteuren, von denen vor allem das Andine Zentrum für die Aktion der Bevölkerung (CAAP) zu nennen ist (für mehr Information dazu vgl. die Beiträge in: Alayza & Gudynas 2011).

Die unmittelbaren Ziele solcher Alternativen bestehen im Kontext Südamerikas darin, die Armut zu beseitigen, Wohlstand für die Menschen zu gewährleisten und die Vielfalt der Natur zu erhalten. Einfacher gesagt heißt das: Keine Armut und keine Umweltzerstörung. Diese zwei Ziele sind gleichrangig, was kein unbedeutendes Detail ist: Der Einsatz für die Umwelt erhält diesen Rang in Anerkennung der Rechte der Natur. Aus einer solchen Perspektive müssen tiefgreifende Veränderungen an den aktuellen Entwicklungsstrategien vorgenommen werden, jeweils angepasst an den sozialen und ökologischen Kontext und unter Aufgabe des westlichen Entwicklungsmodells an sich.

In der südamerikanischen Debatte, insbesondere vor dem Hintergrund der bedeutsamen politischen Umwälzungen durch die progressiven Regierungen, rückte die Frage in den Vordergrund, wie solche Veränderungen zu bewerkstelligen seien. Einerseits bestehen die konventionellen Maßnahmen, Reformen am Instrumentarium durchzuführen, fast immer in einer bloßen „Entwicklung der Instrumente". Andererseits erscheint eine radikale, revolutionäre Reform aus verschiedenen Gründen nicht gangbar. Dies ist dem Umstand geschuldet, dass eine Verbreiterung der sozialen Basis zur Unterstützung solcher Veränderungen unabdingbar ist, diese Veränderungen zugleich aber immer an den jeweiligen sozialen und ökologischen Kontext angepasst sein müssen und somit kein einheitliches Konzept darstellen können. Anders gesagt: Es gibt kein „Patentrezept" für eine „Alternative zu Entwicklung", das man einfach überall überstülpen könnte; sie muss jeweils selbst entwickelt werden, mit eigenen Versuchen, Fehlern und Lerneffekten.

Daher soll hier ein Ansatz von „Transitionen" vertreten werden. Diese müssen jedoch immer bestimmten Anforderungen genüge leisten. Jeder einzelne der vorgeschlagenen Schritte muss auf die „Alternativen zu Entwicklung" ausgerichtet sein, die der Verhinderung von Armut und Umweltzerstörung verpflichtet sind. Gleichzeitig muss jeder Schritt bessere Voraussetzungen dafür schaffen, dass weitere Schritte in diese Richtung gegangen werden können. Bei den Transitionen handelt es sich zugleich um einen demokratischen Prozess, in dem Bedingungen dafür geschaffen werden, dass die soziale Basis zur Unterstützung solch radikaler Veränderungen verbreitert wird; letztere müssen allerdings flexibel bleiben, um eine Anpassung an die jeweilige Situation und die notwendigen Lerneffekte zu ermöglichen.

Von den in den Transitionen anzuwendenden Maßnahmen sollen hier einige

hervorgehoben werden: deutliche Verringerung des Material- und Energieverbrauchs (also „Dematerialisierung" der Produktionsprozesse); Entkoppelung
der Ziele dieser Alternativen von rein wirtschaftlichem Wachstum; Anpassung
der Produktionsprozesse an die Fähigkeit der Ökosysteme, Ressourcen zu liefern und Umweltfolgen zu verkraften, und somit Erhaltung der Biodiversität;
Gestaltung der Produktionsprozesse in einer Form, die direkt zur Beendigung
von Armut und zur Bekämpfung von Überfluss beiträgt.

In die aktuelle Diskussion fließen zahlreiche Erfahrungen und Überlegungen ein. Einige davon sind sehr konkret und befassen sich beispielsweise mit
Möglichkeiten einer „Entkoppelung" von Entwicklung und Wirtschaftswachstum (Jackson 2009) oder mit Transitionen auf globaler Ebene (Parris/Kates
2003). Manche haben die Vernetzung lokaler Initiativen zu ökologischer Re-
silienz zum Inhalt (die „transnationale Bewegung", Hopkins 2008). Andere
schaffen eine fruchtbare Verbindung zwischen überliefertem und aktuellem
Wissen, wie etwa bei der Agrarökologie. Schließlich sollen noch die Überlegungen zum „guten Leben" Erwähnung finden, die auf den Ontologien verschiedener indigener Völker beruhen.

Zudem existieren einige Entwürfe von Regierungsseite, deren bestes Beispiel
das Plädoyer für einen Post-Extraktivismus im ecuadorianischen Entwick-
lungsplan ist (SENPLADES 2009). Auch wenn eingeräumt werden muss, dass
das konkrete Handeln der Regierung Correa in eine andere Richtung weist,
wurde in diesem Plan eine post-extraktivistische Ökonomie auf der Basis von
Wissen und Dienstleistungen angestrebt.

Drei Arten des Extraktivismus

Will man über die Zusammenhänge zwischen Transitionen und Extraktivismus sprechen, müssen zunächst drei Arten der Ressourcenextraktion voneinander unterschieden werden (Bild 2, S. 149).

1) Plündernder Extraktivismus: Dies ist das aktuelle Entwicklungsmodell,
gekennzeichnet durch einen intensiven Extraktivismus, mit großer geogra-
phischer Reichweite, starken sozialen und ökologischen Auswirkungen sowie
zweifelhaften Vorteilen für die nationale Entwicklung. Klassische Beispiele
sind Tagebaue, in denen die Rückstände nicht aufbereitet werden, die Kontamination durch die Erdölförderung im Amazonasgebiet oder der Missbrauch

agrochemischer Produkte in exportorientierten Monokulturen. Dabei handelt
es sich um Aktivitäten, die Enklavenökonomien schaffen, mit starker Präsenz
multinationaler Konzerne, bei denen die sozialen und ökologischen Folgekos-
ten externalisiert werden. Es handelt sich um den von der Globalisierung angestoßenen Extraktivismus, mit gigantischen Gewinnen für die Unternehmen,
der von den südamerikanischen Regierungen als Einnahmequelle für ihre
Ökonomien akzeptiert wird.

2) Behutsamer Extraktivismus: Man könnte zu einem zweiten Szenario
übergehen, bei dem beispielsweise die Bergbau- und Erdölprojekte tatsächlich
die sozialen und ökologischen Auflagen und Normen erfüllen und die die zur
Minimierung der Umweltfolgen am besten geeignete Technologie verwenden,
der Staat ihnen wirksame und rigorose Kontrollen auferlegt, wo die Folge-
kosten in den Kosten und Preisen enthalten sind und andere Verbesserungen
durchgeführt werden. Gleichzeitig erfolgt eine angemessene Besteuerung, was
beinhaltet, dass ein gerechter Anteil der Gewinne derartiger Unternehmungen
abgeschöpft und weitestmöglich mit anderen nationalen oder regionalen In-
dustrialisierungsprojekten verknüpft wird.

Dieses Szenario entspricht einigen der alternativen Entwicklungen. Es resul-
tiert aus einer wirksamen Anwendung gesetzlicher Bestimmungen, der Stärkung von *Governance* in diesem Sektor und einer Umsetzung der Postulate von
gesellschaftlicher Unternehmerverantwortung. Dabei werden auch die sektorspezifischen Investitionen und Kapitalflüsse transparent gemacht, so wie die
Initiative für Transparenz in der Rohstoffwirtschaft (EITI) dies fordert. Diese
auf die Anpassung und Korrektur der Instrumentarien ausgerichtete Stufe ist
als Notmaßnahme sicherlich sehr wichtig, um die derzeitigen schweren Auswirkungen des plündernden Extraktivismus zu stoppen. Sie verlässt jedoch
nicht den Rahmen konventioneller Entwicklungsmodelle.

3) Unverzichtbarer Extraktivismus: Ein drittes Szenario versucht, den
Extraktivismus als Teil einer Alternative zu Entwicklung zu begreifen; hier
müssen andere konzeptionelle Fundamente zu Grunde gelegt werden. Einige extraktivistische Aktivitäten werden dabei aufrechterhalten, weil nicht auf
sie verzichtet werden kann, sie müssen jedoch deutlich verringert werden. Bei
dieser unverzichtbaren Extraktion oder Ausbeutung können jene Aktivitäten

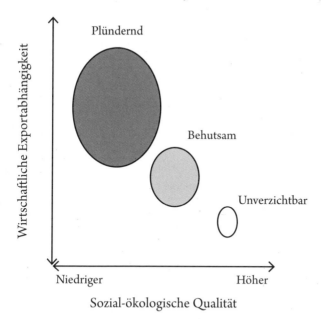

Bild 2. Schematische Darstellung der drei Arten des Extraktivismus im Hinblick auf ihre sozialen und ökologischen Folgen und die wirtschaftliche Exportabhängigkeit.

bestehen bleiben, die wirklich notwendig sind. Sie müssen sozialen und ökologischen Anforderungen entsprechen, direkt mit nationalen oder regionalen Produktionsketten in Verbindung stehen und Verbrauchsnetzen für eine wirkliche Verbesserung der Lebensqualität zu Gute kommen.

Dieses Modell ist Teil einer „Alternative zu Entwicklung", bei der viel weniger Material und Energie verbraucht werden, die Kohlenstoffbilanz niedriger ausfällt und der Verbrauch sparsamer, dafür aber direkt mit der Lebensqualität und dem Schutz der Natur verknüpft ist. Die Orientierung auf globale Exporte wird dabei drastisch reduziert, Bergbau- und Erdölförderung dienen vor einer globalen Nutzung zuallererst der nationalen und kontinentalen Nachfrage.

Leitlinien der Transitionen

Die Transitionen zum Post-Extraktivismus sind an den Alternativen zu Entwicklung ausgerichtet und zielen daher auf die unverzichtbare Extraktion ab, mit der sowohl die Lebensqualität als auch der Schutz der Natur gewährleistet sind. Da es sich jedoch um Transitionen handelt, müssen zunächst erste Schritte unternommen werden. Dies liegt auch an der gebotenen Dringlichkeit, denn es ist sehr wichtig, dem derzeitigen plündernden Extraktivismus zu begegnen und Auswege zu finden. Es gibt Gemeinschaften, die aufgrund ihres Leidens unter den sozialen und ökologischen Folgen sofortiger Lösungen bedürfen. In diesen Fällen muss der behutsame Extraktivismus greifen.

Der behutsame Extraktivismus darf nur als Notfallmaßnahme betrachtet werden, um die schwerwiegendsten Auswirkungen des heutigen Extraktivismus zu verringern. Es geht hier nicht um eine tragfähige Lösung, sondern um notwendige und dringende Maßnahmen zur Abmilderung schwerer Folgen für Bevölkerung und Umwelt. Die Maßnahmen dürfen jedoch nicht rein instrumenteller Natur sein, sondern müssen darauf gerichtet und so organisiert sein, dass sie weitere Schritte der Veränderung hin zu einer Alternative zu Entwicklung ermöglichen.

In diesem Abschnitt soll auf einige Leitlinien der Transitionen auf dem Weg zum behutsamen und unverzichtbaren Extraktivismus eingegangen werden. Auch wenn diese hier getrennt voneinander vorgestellt werden, muss man sich bewusst machen, dass sie in Wirklichkeit in Zusammenhang miteinander stehen und mehr oder minder koordiniert voranzutreiben sind. Insbesondere ist es notwendig, die nationalen und internationalen Transitionen miteinander zu koordinieren sowie die technischen Möglichkeiten mit dem politischen Handeln.

Auflagen und Vorgaben, Governance und Partizipation

Es gibt weitreichende Belege dafür, dass viele extraktivistische Projekte betrieben oder akzeptiert werden, obwohl sie den Umwelt-, Gesundheits- oder Sozialgesetzgebungen des jeweiligen Landes zuwiderlaufen. In einigen Fällen gewährt sogar der Staat selbst Ausnahmen und Flexibilitäten, durch die das Verletzen der Normen legitimiert wird. Die vermutlich skandalöseste Situation in Südamerika ist in Peru vorzufinden, mit den Ausnahmen, Flexibilitäten und Gesetzesverstößen des Bergbau- und Eisenkomplexes La Oroya.

Ein unabdingbarer Schritt zur Einleitung der Transitionen besteht daher darin, mit der Durchsetzung bestehender Umwelt- und Sozialbestimmungen zu beginnen und diese in den fehlenden Bereichen zu ergänzen (etwa bei den Vorgaben für Abgas-, Abwasser- und Abfallemissionen oder Raumordnungsverfahren). Hier muss umgehend eine Klärung stattfinden, unter welchen Bedingungen ein extraktives Projekt akzeptabel ist, und unter welchen nicht.

Ein angemessener grundlegender Rahmen würde ermöglichen, zwischen „verbotenen" extraktivistischen Unternehmungen und solchen, die durchgeführt werden können, zu unterscheiden. Bei letzteren ist wiederum zwischen zwei Formen zu unterscheiden: zwischen jenen Projekten, die akzeptabel sind, da sie die sozialen und ökologischen Anforderungen erfüllen und gleichzeitig positive Ergebnisse für Gesellschaft und Wirtschaft liefern, und jenen, die „denkbar" sind, da sie in einer Dimension Vorteile, in einer anderen jedoch Nachteile bringen (beispielsweise hohe wirtschaftliche Rentabilität, aber verschiedene ökologische Auswirkungen nach sich ziehen, Bild 3). Die Erfüllung dieser Auflagen würde in einer behutsamen Extraktion resultieren. Durch das Voranschreiten der Transitionen, sei es durch bessere Bestimmungen oder durch die Verfügbarkeit anderer Möglichkeiten, gelangt man schließlich zum unverzichtbaren Extraktivismus.

Notwendig dabei ist, alle Dimensionen der extraktivistischen Projekte zu evaluieren, nicht nur ihre Rentabilität, wie es derzeit geschieht, sondern auch den ökonomischen Aufwand sowie die sozialen und ökologischen Folgen. Dies muss in einer rechtmäßigen und pluralen Atmosphäre demokratischer

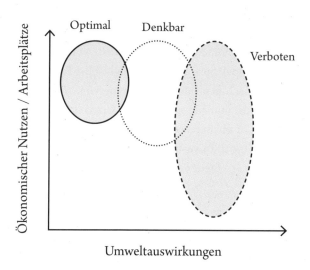

Bild 3. Schematische Darstellung eines konzeptionellen Rahmens zur Einbeziehung der ökologischen Dimension in die Projekt-Evaluation.

Diskussion stattfinden, wo Risiken, Folgen und möglicher Nutzen gegeneinander abgewogen werden. Die letztendliche Entscheidung über „erwägenswerte" Projekte darf nicht allein von Fachleuten und Minister_innen getroffen werden, sondern bedarf eines inklusiven Diskussionsprozesses.

Es ist hinlänglich bekannt, dass Sozial- und Umweltstandards im extraktivistischen Sektor schwer durchzusetzen sind, da hier gewaltige Interessen im Spiel sind. Es ist daher notwendig, einerseits demokratische *Governance* zu stärken und andererseits den ökonomischen Reduktionismus in der Analyse zu beenden.

Wirtschaft, Preise und Wert

Ein Großteil des Widerstands gegen den Post-Extraktivismus stützt sich auf das Argument, eine Verringerung der Exporte aus Bergbau und Erdöl würde den Zusammenbruch der nationalen Ökonomien bedeuten. In Erwiderung darauf muss zunächst in Erinnerung gerufen werden, dass der konventionellen Ökonomie neoklassischer Provinienz strenge Grenzen gesetzt sind, wozu eine defizitäre Bestimmung ökonomischer Werte gehört. Derzeit fließen die sozialen und ökologischen Kosten nicht in die Rohstoffpreise ein. Es handelt sich um verfälschte Preise, welche die externen Effekte nicht internalisieren. Ein erster Schritt in Richtung jeglicher Alternative besteht in der sozialen und ökologischen Korrektur dieser Preise.

In der Konsequenz müssten die Kosten-Nutzen-Analysen so umgearbeitet werden, dass sie auch die sozialen und ökologischen Kosten enthalten. Bisher waren diese jedoch extrem simpel. Sie enthielten lediglich die Kosten für beispielsweise den Kauf von Maschinen oder die Zahlung von Löhnen, nie jedoch die Kosten für den Verlust von Naturkapital, für Umweltverschmutzung oder Umsiedelung von Gemeinschaften. Würde man damit beginnen, Kosten-Nutzen-Rechnung und -Analyse mit Ernsthaftigkeit zu betreiben, würden die Kosten natürlich steigen und verschiedene extraktivistische Unternehmungen wären nicht mehr vertretbar.

Die ökonomische Wertermittlung ist ebenfalls mangelhaft. Es ist notwendig, die Wertermittlung auf andere Dimensionen auszudehnen, etwa ökologische, ästhetische, kulturelle Werte etc., was die Verwendung sogenannter Multikriterien-Analysen implizieren würde.

Eine ökologische und soziale Korrektur der Preise für extraktivistische Rohstoffe würde mit Sicherheit höhere Werte zur Folge haben, was möglicherweise auch ein geringeres Exportvolumen bedeuten würde, wodurch wiederum die Staatseinnahmen sinken würden. Daher wäre ein erster Schritt die Überprüfung der Steuerlasten im Bergbau. Abgaben und Steuern sind heute in vielen extraktiven Bereichen sehr niedrig, beziehungsweise existieren Möglichkeiten zu ihrer Umgehung. Daher ist eine grundsätzliche Veränderung der Steuerpolitik in diesem Sektor notwendig. Da die extraktiven Unternehmungen derzeit eine enorme Rentabilität aufweisen (37 Prozent im Zeitraum 2008/09), ist es möglich, hier die Steuerlast zu erhöhen. In diesem Sinne haben Sotelo und Francke (2011) ein Szenario untersucht, das von der Stilllegung der zwischen 2007 und 2011 gestarteten extraktiven Projekte in Peru ausgeht, was einem behutsamen Extraktivismus nahe kommen würde. In diesem Fall würde es demnach zu Exportverlusten in Höhe von fünf Milliarden US-Dollar kommen, wobei die Verringerung der internationalen Nettoreserven Perus erträglich wäre. Würde man jedoch noch einen Schritt weiter gehen und daneben auch die Erträge der weiterhin produzierenden Unternehmen besteuern, würde sich dies sogar positiv auf die Zahlungsbilanz auswirken sowie einen Anstieg der internationalen Reserven nach sich ziehen.

Was den Handel angeht, ist davon auszugehen, dass bei einer Preiserhöhung für Primärprodukte die internationalen Käufer_innen andere Anbieter_innen suchen, oder versuchen, für einen Ersatz durch eigene Ressourcen zu sorgen. Dies könnte einigen warnenden Stimmen zufolge einen Einbruch des Außenhandels zur Folge haben – was vermutlich eines der am häufigsten geäußerten Gegenargumente gegen die Transitionsmodelle ist.

Hier müssen mehrere Gegenmaßnahmen eingeleitet werden. Zuallererst ist die regionale Koordination und Harmonisierung zwischen den verschiedenen lateinamerikanischen Staaten notwendig, sowohl bei den Exportpreisen als auch bei den Sozial- und Umweltauflagen für Investoren. Eine solche Koordination ist nötig für die Preiskontrolle. Dadurch könnte vermieden werden, dass die extraktivistischen Unternehmen einen Staat zu isolieren versuchen, indem sie die Rohstoffe einfach in den Nachbarländern kaufen. Die Konsequenz liegt auf der Hand: Extraktive Themen müssen einen Platz innerhalb der Verhandlungen über die regionale Integration einnehmen (ein Punkt, der weiter unten noch diskutiert werden soll). Die Erfahrungen bei der Kontrolle von Preisen und Aktien im internationalen Handel müssen wieder nutzbar gemacht werden.

Da es jedoch mit Sicherheit nicht möglich sein wird, für alle Ressourcen Alternativanbieter_innen oder Ersatz zu finden, deutet alles darauf hin, dass ein gewisser Außenhandel mit extraktivistischen Waren weiter bestehen wür- de. Sicherlich wäre das Exportvolumen niedriger, ein Teil dieser Verringerung würde jedoch durch höhere Weltmarktpreise kompensiert.

Es gibt allerdings noch eine andere ökonomische Kompensation, denn (verdeckte oder offene) Subventionen für extraktivistische Unternehmungen würden entfallen. Tatsächlich ist es weit verbreitet, dass Regierungen bei dem Versuch Investitionen „anzulocken", Unterstützungen in Form von Infrastruk- tur, Energie oder Steuererleichterungen gewähren. Dabei handelt es sich um verdeckte Subventionen, durch die der Staat den Extraktivismus fördert. Bei diesen „perversen Subventionen" findet ein richtiggehender Transfer von der Gesellschaft zum Großkapital statt.

In den post-extraktivistischen Transitionen werden solche Praktiken abge- schafft. Da der Staat die perversen Subventionen nicht mehr finanziert, kann er das dadurch „Gesparte" für Produktionsumstellungen verwenden. Das soll nicht heißen, das Subventionen völlig aufgegeben werden sollten, vielmehr geht es darum, nur noch „legitime Subventionen" zu zahlen, mit denen Aktivi- täten gefördert werden, die zu einer verhältnismäßig größeren Beschäftigung führen, eine sauberere oder weniger umweltschädliche Produktion und mehr Produktionsketten in der Wirtschaft zur Folge haben.

Solche Argumente haben dazu geführt, dass in Südamerika damit begon- nen wurde, die staatlichen Etats zu überprüfen. In vielen Fällen existieren Verschwendung oder perverse Subventionen. Das Problem sind nicht immer fehlende Mittel, vielmehr geht es darum, öffentliche Ausgaben effizienter zu gestalten und angemessene Zwecke zu definieren.

Eine weitere häufig geäußerte Befürchtung in Bezug auf die Alternativen zu Entwicklung betrifft den Verlust von Arbeitsplätzen. Die verfügbaren Zahlen zeigen, dass der Extraktivismus relativ wenig Arbeitsplätze schafft (beispiels- weise 1,5 Prozent der erwerbstätigen Bevölkerung in Peru, unter ein Prozent in Ecuador; Sotelo/Francke 2011; Varela 2010). Zum anderen zerstört die An- siedlung extraktiver Projekte viele lokale Arbeitsplätze, etwa in der Landwirt- schaft, woraus sich eine Menge Fragezeichen im Hinblick auf die tatsächliche Endbilanz ergeben. Eine post-extraktive Transition muss also Produktionsbe- triebe mit einem hohen Bedarf an Arbeitskräften vorantreiben. Hier können die Rückkehr und die Stärkung der Landwirtschaft wegweisend sein, insbesondere ihrer biologischen und agrarökologisch ausgerichteten Zweige. Es wird auch notwendig sein, Arbeitsstellen im industriellen Sektor zu diversifizieren und auszubauen, sowohl was die Betriebe angeht, als auch die mit ihnen verbundenen Dienstleistungen. Internationale Erfahrungen haben beispielsweise gezeigt, dass die Verschärfung von Umweltnormen im Industriesektor dazu geführt hat, dass mehr Stellen geschaffen werden, als durch die Schließung „schmutziger" Industrien verloren gehen. Das ist dem Umstand geschuldet, dass Tätigkeiten im Umweltschutz, etwa die Kontaminationsüberwachung in einer Fabrik, von Menschen ausgeübt werden müssen und nicht automatisiert werden können.

Prozessentkoppelung

In den Transitionen zum Post-Extraktivismus werden verschiedene Wirtschaftskreisläufe voneinander getrennt oder entkoppelt. Ein Beispiel ist der Export von Rohstoffen mit dem Ziel, die Importe (Kapital- oder Güterimporte) aufrecht zu erhalten. Diese Zusammenhänge werden üblicherweise monetär erfasst, verwendet man jedoch physische Indikatoren, stellen sich viele Überraschungen ein. Vergleicht man etwa für Ecuador die Höhe der Exporte in Tonnen mit der Tonnenanzahl der Importe (in einer sogenannten physischen Handelsbilanz), so lässt sich von 1972 an ein wachsender Exportüberschuss feststellen, der 2006 bei 20 Millionen Tonnen lag im Vergleich zu damals fünf Millionen Tonnen. Der Saldo der monetären Handelsbilanz sank hingegen von 1970 bis 2007 jedes Jahr um durchschnittlich 1,3 Prozent (Vallejo 2010).

Dieses abartige Verhältnis muss zerstört werden, sowohl durch eine Preiskorrektur als auch durch die Aufgabe seiner wesenhaften Struktur, dem Kauf von Produkten auf dem Weltmarkt, bei denen es sich vielfach um Luxusgüter mit gravierenden sozialen und ökologischen Auswirkungen handelt.

Im Post-Extraktivismus wird auch die Entkoppelung des Wirtschaftswachstums von der anderweitigen Entwicklung angestrebt, vor allem von einer an Wohlstand orientierten. Dazu liegen viele Erkenntnisse vor, insbesondere in Bezug auf die Möglichkeiten der Armutsbekämpfung und Schaffung von mehr Gerechtigkeit, ohne lediglich auf Verteilungseffekte zu vertrauen. Es muss jedoch betont werden, dass eine solche Entkopplung von anderweitiger Entwicklung und Wachstum nicht zwangsläufig einen „Wachstumsrückgang" beinhaltet.

Momentan herrscht einiges an Verwirrung über diesen Begriff, der leichtfertig von Europa auf Lateinamerika übertragen wird. Seinem bekanntesten Befürworter zufolge war Wachstumsrückgang in seiner ursprünglichen Bedeutung eine fundamentale Kritik an der konventionellen Entwicklung (Latouche 2009). Andererseits existiert eine aktuellere Interpretation, die eine Wirtschaftsreduktion anstrebt, so wie beispielsweise von Joan Martínez Alier (2008) konzipiert. Dabei geht es um einen Wachstumsrückgang als „Verkleinerung", so lange dieser „sozial" nachhaltig ist. Eine solche Veränderung wäre für Lateinamerika jedoch sehr riskant, denn man kann nicht verlangen, eine nationale Ökonomie im Ganzen zurückzufahren. Dadurch werden nicht die Ungleichheiten im Zugang zu Wohlstand beseitigt, notwendiges Wachstum in bestimmten Bereichen (etwa Hygiene und Gesundheit) bleiben unberücksichtigt und insgesamt werden die eigentlichen Entwicklungsprobleme der Region dabei nicht angegangen. Wachstumsrückgang als Kontraktion ist verständlich für Ökonomien mit hohem Konsum und Überfluss, wie dies etwa für Deutschland gilt. Das Konzept kann jedoch nicht leichtfertig auf Lateinamerika übertragen werden.

Ein Wachstumsrückgang im ursprünglichen Sinne Latouches, für den er „ein politischer Slogan mit theoretischen Implikationen" ist, um „mit der stereotypen Sprache der Anhänger des Produktionsfetischismus zu brechen" (Latouche 2009), ist jedoch vollständig mit den hier vorgestellten Transitionen vereinbar. Dennoch existieren in Lateinamerika bereits tradiertere und gängigere Bezeichnungen, vor allem der Begriff der „Post-Entwicklung", wie er von dem Mexikaner Gustavo Esteva und dem Kolumbianer Arturo Escobar geprägt wurde.

Das Konzept einer „Post-Entwicklung" stiftet bei der Rezeption in Lateinamerika zugleich weniger Verwirrung als das eines „Wachstumsrückgangs". Selbst in einem post-extraktivistischen Szenario für Südamerika muss es in einigen Bereichen ein Wachstum geben (beispielsweise bei der Infrastruktur für Gesundheit, Wohnraum, Bildung oder Hygiene), in anderen jedoch einen Rückgang (etwa bei Luxusgütern).

Armut und Sozialpolitik

Die post-extraktivistischen Transitionen müssen ganz klar auf die Beendigung der Armut ausgerichtet sein. Dieses Ziel muss ehrgeiziger und schneller angegangen werden, als beispielsweise bei den Millenium-Entwicklungszielen, die nur eine Reduktion anstreben. Es geht nicht darum, die Armut zu verringern, sondern sie vollständig zu beseitigen.

Dies beinhaltet beispielsweise eine gute Ernährung, Zugang zu Gesundheit und Bildung sowie eine gute Lebensqualität zu gewährleisten. Finanzielle Leistungen hingegen werden nur als Notfallmaßnahme und Zwischenschritt innerhalb einer Transition befürwortet (abgesehen von der Übereinstimmung mit der Forderung nach einem bedingungslosen Grundeinkommen, wobei dieses auf einer anderen konzeptionellen Basis beruht und anders funktioniert). Es wäre beispielsweise ein Leichtes, die Mangelernährung in Südamerika zu beseitigen, da der Subkontinent eine Lebensmittel exportierende Region ist. Die zu ergreifende Maßnahme besteht darin, die Produktion wieder auf die nationalen und regionalen Bedürfnisse auszurichten, anstatt Lebensmittel als „Waren" oder Tierfutter für den Weltmarktexport zu produzieren.

Die Instrumente finanzieller Transfers an die Ärmsten sind als Übergangsmaßnahme akzeptabel. Sie sollten allerdings vor allem als Notfallmaßnahme verstanden werden, mit denen die am meisten verwundbaren Gruppen der Gesellschaft aus Not und extremer Armut befreit werden können, jedoch nicht als dauerhaftes Mittel. Es ist zudem erforderlich, die Diskussionen über die Einführung eines bedingungslosen Grundeinkommens wieder aufzunehmen, das mit Sicherheit nicht aus dem Extraktivismus finanziert werden kann. Die Debatte ist nicht neu, insbesondere bei zivilgesellschaftlichen Organisationen; sie wurde jedoch nicht einmal von den progressiven Regierungen aufgegriffen. Daher ist es ebenso notwendig, einerseits die Rolle des Staats neu zu verhandeln, vor allem bei der Verteilung der Staatsausgaben. Andererseits muss bei der Prioritätensetzung in der Produktion zunächst die Schaffung von Arbeitsplätzen in den Blick genommen werden, bevor man auf Exportabsätze schielt. Das ist Aufgabe der Sozialpolitik, die wieder ernst genommen werden sollte.

Naturschutz und Rechte der Natur

Der Naturschutz hat neben der Beseitigung von Armut innerhalb der Modelle der Alternativen zu Entwicklung höchste Priorität: Die Rechte der Natur müssen anerkannt werden, so wie sie in der neuen ecuadorianischen Verfassung verankert wurden. Außerdem müssen entschiedene Programme zum Schutz der Natur aufgelegt werden, durch die das weitere Aussterben von Arten verhindert und das Fortbestehen der Ökosysteme gesichert wird.

Bei der Erreichung dieser Ziele sind verschiedene Aspekte zu beachten. Wie bereits angeführt, müssen Naturschutzgesetze wirksam implementiert werden, statt diese auszuhöhlen oder zu missachten, um extraktivistische Projekte voranzutreiben. Dazu gehören Maßnahmen wie die Stärkung des Systems der Schutzgebiete oder die rigorose Anwendung von Umweltauflagen und -kontrollen.

Daneben wird auch die Ausdehnung des zu schützenden Anteils von Flächen in Naturschutzgebieten auf 50 Prozent gefordert. Die derzeit unter Schutz stehenden Flächen reichen nicht aus, um das Überleben der Arten in langen, evolutionsgemäßen Zeiträumen zu gewährleisten. Um das zu erreichen, sind deutlich größere Umweltschutzgebiete notwendig (Noss & Cooperrider 1994).

Weiterhin ist eine Anpassung der Raumordnung erforderlich, die nicht nur von sozialer und wirtschaftlicher Bedeutung ist, sondern ebenso im Hinblick auf die Umwelt. Auch hier ist die regionale Integration der Länder Südamerikas notwendig, damit kontinentale Schutzstrategien entworfen werden können.

Diese Auflagen bedeuten nicht, dass jede Nutzung durch den Menschen oder gar dessen Anwesenheit in diesen Zonen verboten werden soll, vielmehr werden weniger umweltschädliche Projekte zulässig sein (etwa die agrarökologische Produktion). Es wird wichtiger werden, die Produktionstypen einer Ökoregion mit denen anderer Einwohner_innen zu verbinden.

Eine neue Integration und die Selbstbestimmung gegenüber der Globalisierung

Die neuen sozialen, wirtschaftlichen und ökologischen Gegebenheiten der post-extraktivistischen Transitionen führen zu höheren Kosten und eingeschränkten Investitionsmöglichkeiten. Daher ist anzunehmen, dass viele Konzerne die Investitionen in einem Land mit derartigen Bedingungen aufgeben, um einfach in andere Länder weiterzuziehen, die noch im extraktivistischen Modell verhaftet sind.

Dieses Szenario ist realistisch und bedarf genauerer Betrachtung. Im Ergebnis dürfen die Transitionen jedoch nicht für falsch erklärt oder aus Resignation das derzeitige Modell beibehalten werden. Im Gegenteil: Die Lösung dieses Problems liegt wiederum auf internationaler Ebene. Gruppen von Staaten müssen ähnliche Vorgaben und Auflagen koordiniert einführen und die Harmonisierung sozialer, ökologischer und wirtschaftlicher Themen erreichen. Dies würde ein „Weiterwandern" der extraktiven Projekte in Länder mit niedrigeren Standards verhindern. Dafür muss allerdings die regionale Integration anders organisiert werden. Staatenbündnisse, wie die Andengemeinschaft oder der MERCOSUR, müssen wieder mit Macht ausgestattet werden. Sie müssen Raum für die Verhandlung von beispielsweise regionalen Abkommen für den Bergbau-, Erdöl- oder Landwirtschaftssektor bieten, in denen die Sozial- und Umweltstandards zwischen den Ländern harmonisiert werden. Zurzeit werden solche Abkommen innerhalb der Staatenblöcke nicht verhandelt. Tatsächlich konkurrieren die beteiligten Staaten untereinander und bieten ihre Rohstoffe im Rahmen des sogenannten offenen Regionalismus feil, der von der UN-Wirtschaftskommission für Lateinamerika und die Karibik (CEPAL) angeregt wurde und der Globalisierung dient.

Die post-extraktivistischen Transitionen bedürfen der regionalen Koordination und Verknüpfung der Produktion sowie der Erlangung der Selbstbestimmung gegenüber der Globalisierung. Diese Position wurde als „autonomer Regionalismus" bezeichnet, um sie klar von der „offenen" Version der CEPAL abzugrenzen. Die regionale Koordination muss sich in der Rohstoffpolitik sowohl auf die Produktion als auch auf die Umwelt beziehen, wo sich die Länder im Zugang zu notwendigen Naturressourcen ergänzen. Gleichzeitig müssen auch Fertigung und Dienstleistungen koordiniert werden, damit eine eigene Industrialisierung ermöglicht wird und der Kreislauf durchbrochen wird, der dazu zwingt, den Weltmarkt zum Kauf von Fertiggütern mit Rohstoffen zu beliefern. Die nationalen Industrien müssen gestärkt werden, jedoch in regionaler Zusammenarbeit, mit auf mehrere Länder verteilten Produktionsketten.

Offene Chancen und mögliche Wege

In diesem Beitrag sind einige zentrale Elemente zur Eröffnung von neuen Wegen möglicher Transitionen zum Post-Extraktivismus dargestellt worden. Die Debatte wird, mit je eigenen Schwerpunkten, in verschiedenen Ländern Südamerikas geführt. Der bereits zurückgelegte Weg, vor allem in den Andenstaaten, ist dabei sehr wichtig. Es wird eine Vielzahl von Informationen, Alternativen und Maßnahmen diskutiert, die sich mit eigenen Untersuchungen in Südamerika befassen oder Reflexionen aus anderen Ländern aufgreifen.

Die Schaffung von post-extraktivistischen Transitionen bedarf politischer Akteur_innen. Verschiedene Organisationen und zivilgesellschaftliche Bewegungen finden hier zusammen. Die Aufgabe ist besonders komplex, da diese Art von Transitionen eine Neuorientierung politischer und parteilicher Positionen erfordert. Zum einen liegt ein Großteil der Antworten nicht notwendigerweise im Bereich der alten politischen Traditionen, zum anderen muss die Konstruktion von Alternativen in Südamerika unbedingt plurikulturell organisiert sein. Transitionen sind von ihrem Wesen her nicht einheitlich, sie vollziehen sich in der Pluralität von Werten und gesellschaftlichen Auffassungen. Alle eint jedoch das Bewusstsein von der Dringlichkeit, mit der die sozialen und ökologischen Auswirkungen des derzeitigen Extraktivismus anzugehen sind.

Literatur

Alayza, Ana & Eduardo Gudynas [Hg.] (2011): *Transiciones. Post extractivismo y alternativas al extractivismo*; Lima: CEPES, RedGE & CLAES.

Hopkins, R. (2008): *The transition handbook*; Chelsea Green: White River Junction.

Jackson, T. (2009): *Prosperity without growth. Economics for a finite planet*; London: Earthscan.

Latouche, S. (2009): *Pequeño tratado del decrecimiento sereno*; Barcelona: Icaria.

Martínez Alier, J. (2008): „Decrecimiento sostenible"; In: *Ecología Política*; Nr.35, April, Paris, S. 51-58.

Noss, R.F. & A.Y. Cooperrider (1994): *Saving nature's legacy*; Washington DC: Island Press.

Parris, T.M. & R.W. Kates (2003): „Characterizing a sustainability transition: Goals, targets, trends, and driving forces"; In: *Proceeding National Academy Sciences*,100(14), S. 8068-8073.

SENPLADES (2009): *Plan nacional para el Buen Vivir*, 2009-2013; Quito: SENPLADES (Secretaría Nacional de Planificación).

Sotelo, B. & P. Francke (2011): „¿Es económicamente viable una economía post-extractivista en el Perú?"; In: Ana Alayza & Eduardo Gudynas (Hg.): *Transiciones. Post extractivismo y alternativas al extractivismo*; Lima: CEPES, RedGE & CLAES, S.115-141.

Vallejo, M.C. (2010): „Perfil socio-metabólico de la economía ecuatoriana"; In: *Ecuador Debate*, Nr. 79, Quito, S. 47-60.

Varela, M. (2010): „Las actividades extractivas en Ecuador"; In: *Ecuador Debate*, Nr. 79, Quito, S. 127-149.

Anmerkung

Der Beitrag des Autors wurde aus dem Spanischen übersetzt.

Über die Autor_innen

Alberto Acosta ist ecuadorianischer Wirtschaftswissenschaftler, Professor und Forscher an der Lateinamerikanischen Fakultät für Sozialwissenschaften (FLACSO). Von Januar und Juni 2007 war er Minister für Energie und Bergbau, zwischen November 2007und Juli 2008 Präsident der Verfassunggebenden Versammlung.

Norma Giarracca ist Soziologin, Professorin und Forscherin am Institut Gino Germani der Fakultät für Geisteswissenschaften an der Universität Buenos Aires (UBA).

Eduardo Gudynas ist Direktor des Lateinamerikanischen Zentrums für Soziale Ökologie (CLAES) in Montevideo, Uruguay.

Tobias Lambert ist Politikwissenschaftler, Redaktionsmitglied der Monatszeitschrift Lateinamerika Nachrichten und freier Mitarbeiter des FDCL.

Miriam Lang leitet das Büro der Rosa Luxemburg Stiftung in Quito, Ecuador.

Tomás Palmisano ist Doktorand und Forscher am Institut Gino Germani der Fakultät für Geisteswissenschaften an der Universität Buenos Aires (UBA).

Sarela Paz ist Doktorin der Anthropologie und Dozentin. Sie forscht zu indigenen Territorien, natürlichen Ressourcen, Interkulturalität und Raumordnungspolitik. Im Indigenen Territorium Nationalpark Isiboro Sécure (TIPNIS) koordinierte sie den ersten Raumordnungsplan des Gebiets im Zeitraum 1992/93 und war an der Umweltstudie *Evaluación Ambiental Estratégica del TIPNIS* von 2011 beteiligt.

David Rojas-Kienzle studiert Politikwissenschaften in Berlin und ist Redaktionsmitglied der Monatszeitschrift Lateinamerika Nachrichten.

Maristella Svampa ist Soziologin in Argentinien.

Mark Weisbrot, Rebecca Ray, Luis Sandoval & Jake Johnston arbeiten im Center for Economic and Policy Research (CEPR), einer progressiven Denkfabrik in Washington D.C., USA (www.cepr.net).

Über die Herausgeber_innen

Die Rosa-Luxemburg-Stiftung in Lateinamerika

Inspiriert von den Ideen und Konzeptionen eines demokratischen Sozialismus und solidarischer Zusammenarbeit setzt sich die der Partei DIE LINKE nahe stehende Rosa-Luxemburg-Stiftung weltweit dafür ein:

- Teilhabe und Teilnahme an politischen Entscheidungen zu sichern und demokratische Beteiligung zu gewährleisten
- den Zugang zu den Gütern der öffentlichen Daseinsfürsorge zu verteidigen und die Voraussetzungen für ein selbstbestimmtes Leben aller zu schaffen
- Netzwerke zivilgesellschaftlicher Akteure zu stärken und Alternativen zum neoliberalen Wirtschaftsmodell zu entwickeln
- Konflikte friedlich beizulegen sowie Gegenwart und Zukunft geschichtsbewusst zu gestalten

Gegenwärtig arbeitet die Rosa-Luxemburg-Stiftung in mehr als 50 Ländern mit etwa 200 Partnerorganisationen zusammen. Sie hat 14 Büros in den Regionen Mittel- und Osteuropa, Ost- und Südasien, westliches- und südliches Afrika, Süd- und Zentralamerika sowie im östlichen Mittelmeerraum.

In Lateinamerika ist die RLS mit drei Regionalbüros vertreten, von wo aus in insgesamt 14 Ländern der Region gearbeitet wird. Das Regionalbüro in Sao Paulo koordiniert seit 2003 die Arbeit in Brasilien, Argentinien, Chile, Uruguay und Paraguay. Seit 2008 arbeitet das Büro in Mexiko-Stadt in Mexiko, Guatemala, Nicaragua, Costa Rica und Kuba. 2010 wurde das Büro in Quito eröffnet und ist für die Länder Bolivien, Ecuador, Venezuela und Kolumbien zuständig.

Der Linksruck in Lateinamerika in den vergangenen Jahren weckt Hoffnungen auf soziale Gerechtigkeit. Die RLS bietet Räume, um diese Prozesse in der Region kontrovers zu diskutieren. Zentral ist dabei ein gleichberechtigter Erfahrungsaustausch zwischen AkteurInnen aus Nord und Süd. Dabei spielt die Analyse des gegenwärtigen Kapitalismus in Lateinamerika eine wesentliche Rolle. Welche Alternativen gibt es hierzu für die Region? Die RLS unterstützt Partner, die daran arbeiten – sei es mit Analysen oder durch die Arbeit mit Betroffenen. Ein Schwerpunkt der politischen Bildungsarbeit fördert die

Partizipation von benachteiligten Gruppen, insbesondere Indigenen, Frauen, Jugendlichen sowie MigrantInnen. Eine Demokratisierung der Gesellschaft ist nur möglich bei gleichzeitiger Demokratisierung der Information. Deshalb unterstützt die RLS alternative Medien.

Mehr Informationen: http://www.rosalux.de

Forschungs- und Dokumentationszentrum Chile-Lateinamerika e.V.

Das Forschungs- und Dokumentationszentrum Chile-Lateinamerika e.V. (FDCL) ist seit 1974 als Informations- und Kommunikationszentrum weit über die Grenzen Berlins hinaus Anlaufstelle und Treff punkt für Menschen und Gruppen, die sich über Lateinamerika informieren oder zu bestimmten Themen engagieren wollen.

Diverse Projekte, politische Initiativen, Länderkomitees, MigrantInnengruppen und lateinamerikabezogene Medienprojekte arbeiten unter dem Dach des FDCL. Mit unserem Archiv leisten wir seit der Gründung des Vereins im Jahre 1974 einen kontinuierlich kritischen Beitrag zur Dokumentation der sozialen, wirtschaftlichen und politischen Entwicklungen in Lateinamerika und dessen Beziehungen zu den Ländern des „Nordens". Das FDCL hat eine internationalistische Grundorientierung und versteht sich als Teil der bundesdeutschen Solidaritäts- und der weltweiten globalisierungskritischen Bewegung.

Mit dem regionalen Fokus Lateinamerika/Karibik beschäftigen wir uns zum Beispiel mit den verschiedenen Aspekten der Globalisierung und den internationalen Rahmenbedingungen für Entwicklung im Kontext des so genannten Nord-Süd-Verhältnisses. Außerdem mit Handels und Entwicklungspolitik, Ökologie, Migration und Rassismus sowie den Beziehungen zwischen fortschrittlichen Bewegungen und politischen AkteurInnen hier und in Lateinamerika. Das Eintreten für die politisch-bürgerlichen wie die wirtschaftlichen, sozialen und kulturellen Menschenrechte ist seit jeher ein zentrales Anliegen der Arbeit des FDCL.

Mehr Informationen: http://fdcl-berlin.de/en/wir/

Fotostrecke „Mineros de Potosí - Bolivia"

Tausende Menschen arbeiten jeden Tag in den Minen von Potosí. Diese waren einstmals der wirtschaftliche Motor Boliviens, doch jetzt stecken sie in einer schweren Krise. Hunderte Kooperativen beuten die alten staatlichen Minen aus: ohne vernünftige Arbeitsmaterialien und eine Beschwerdeinstanz. Fotograf: Olmo Calvo Rodriguez / Sub [Cooperativa de Fotografos]

Über die Fotoautor_innen

Sub [Cooperativa de Fotografos] ist keine Fotoagentur. Wir sind sechs Fotograf_innen und haben eine Webseite geschaffen, um unsere Fotos gemeinsam zu präsentieren. Wir sind Leute, die vereint arbeiten in kollektiven oder individuellen Projekten; Profis, die Kontakte teilen; Freund_innen, die sich in einem Büro im Zentrum von Buenos Aires treffen, um aus Sub ein kollektives Mehr zu machen. **Kontakt:** Email: info@sub.coop, Webseite: http://www.sub.coop/Inicio.php

Disclaimer
Dieses Projekt wird anteilig gefördert durch die Europäische Union. Der Inhalt der Texte der Publikation liegt in der alleinigen Verantwortung der Autor_innen sowie der Herausgeber_innen und kann in keiner Weise als Sichtweise der Europäischen Union angesehen werden.

Die vorliegende Publikation wurde publiziert im Rahmen des EU finanzierten Projektes Just Trade (www.just-trade.org). Das Projekt plädiert für eine stärkere Politikkohärenz zwischen der EU-Entwicklungs- und Handelspolitik mit Blick auf die Förderung von gerechter und nachhaltiger Entwicklung. Projektpartner sind: Ecologistas en Acción (Spanien), FDCL, Glopolis (Tschechische Republik), Protect the Future (Ungarn) und das Transnational Institute (Niederlande).